网店美工与视觉设计
标准教程

全彩微课版　　吕慧　孙峰峰◎编著

清华大学出版社

北京

内 容 简 介

本书围绕网店装修与视觉设计展开，使用通俗易懂的语言对网店装修的理论、实践方法进行全面阐述。

本书共8章，内容涵盖网店美工入门基础、商品图片的采集与发布、商品图片的后期处理、网店视频的拍摄与制作、店铺营销推广图的设计、商品详情页设计、店铺首页的设计，以及H5场景页面设计等。本书结构合理，不仅详细介绍网店装修与制作的相关知识，还对设计工具的使用方法进行讲解。所选案例贴合实际，可操作性强。同时，每章结尾安排了"案例实战"或"新手答疑"板块，帮助读者真正做到举一反三、学以致用。

本书适合高等院校相关专业师生使用，也适合网店店主、淘宝、天猫等网店美工自学使用，还适合社会培训机构作为相关课程的辅导用书。

图书在版编目（CIP）数据

网店美工与视觉设计标准教程：全彩微课版 / 吕慧，孙峰峰编著．—北京：清华大学出版社，2024.2
（清华电脑学堂）
ISBN 978-7-302-65453-7

Ⅰ．①网… Ⅱ．①吕… ②孙… Ⅲ．①网店—设计—教材 Ⅳ．①F713.361.2

中国国家版本馆CIP数据核字（2024）第040461号

责任编辑： 袁金敏
封面设计： 杨玉兰
责任校对： 徐俊伟
责任印制： 宋 林

出版发行： 清华大学出版社
  网 址： https://www.tup.com.cn，https://www.wqxuetang.com
  地 址： 北京清华大学学研大厦A座   **邮 编：** 100084
  社 总 机： 010-83470000   **邮 购：** 010-62786544
  投稿与读者服务： 010-62776969，c-service@tup.tsinghua.edu.cn
  质 量 反 馈： 010-62772015，zhiliang@tup.tsinghua.edu.cn
  课 件 下 载： https://www.tup.com.cn，010-83470236
印 装 者： 涿州汇美亿浓印刷有限公司
经 销： 全国新华书店
开 本： 185mm×260mm   **印 张：** 14.75   **字 数：** 371千字
版 次： 2024年3月第1版   **印 次：** 2024年3月第1次印刷
定 价： 69.80元

产品编号：103793-01

前　言

首先，感谢您选择并阅读本书。

本书致力于为网店装修与视觉设计的学习者打造更易学的知识体系，让读者在轻松愉悦的氛围中掌握网店装修的知识，以便应用到实际工作中。

本书以理论与实际应用相结合的形式，从易教、易学的角度，全面、细致地介绍网店装修与视觉设计的方法与技巧，在讲解软件理论知识时，穿插了大大小小的贴近实际的实操案例，以帮助读者巩固和练习所学知识。每章结尾处安排了"案例实战"或"新手答疑"板块，书中操作一步一图，所见即所得，既可培养读者自主学习的能力，又可提高学习的兴趣和动力。

▊ 本书特色

- 理论+实操，实用性强。本书为疑难知识点配备相关的实操案例，可操作性强，能够使读者学以致用。
- 结构合理，全程图解。本书采用全程图解的方式，能够让读者了解每一步的具体操作。
- 疑难解答，学习无忧。章尾的"新手答疑"板块，其内容主要针对实际工作中一些常见的疑难问题进行解答，能够让读者及时解决在学习或工作中遇到的问题。

▊ 内容概述

本书共8章，各章内容见表1。

表1

章序	内容概括	难度指数
第1章	主要介绍网店美工的基础知识、网店装修的设计要点、页面构成、风格定位、常用软件以及装修流程等	★☆☆
第2章	主要介绍商品拍摄的基础知识、拍摄场景的构建、商品拍摄技巧、图片的切片与管理、商品图片上传与商品信息发布等	★★☆
第3章	主要介绍商品图片的基础处理、图片抠取、颜色校正、瑕疵修复以及添加文字、形状等	★★★
第4章	主要介绍网店视频的类型、应用场景、视频拍摄、利用剪映进行视频剪辑以及上传等	★★★
第5章	主要介绍主图、直通车图等营销推广图的设计等	★★☆
第6章	主要介绍商品详情页的设计，包括详情页的组成、设计要点、设计规范以及高级编辑的模板设计等	★★★
第7章	主要介绍店铺首页的设计，包括首页的制作规范、内容构成、布局要点、注意事项以及使用模块装修等	★★★
第8章	主要介绍H5场景页面设计，包括H5页面类型、表现形式、设计要点以及使用H5工具制作场景页面等	★★☆

书中及附送的资源文件所使用的图书、模板、音频及视频等素材，均为所属公司、网站或个人所有，本书引用仅为说明（教学）之用，绝无侵权之意，特此声明，也请读者尊重书中笔者团队拍摄的素材，不要用于其他商业用途。

本书的配套素材和教学课件可扫描下面的二维码获取，如果在下载过程中遇到问题，请联系袁老师，邮箱：yuanjm@tup.tsinghua.edu.cn。书中重要的知识点和关键操作均配备高清视频，读者可扫描书中二维码边看边学。

本书由吕慧、孙峰峰编著，在编写过程中作者虽力求严谨细致，但由于时间与精力有限，书中疏漏之处在所难免。如果读者在阅读过程中有任何疑问，请扫描下面的"技术支持"二维码，联系相关技术人员解决。教师在教学过程中有任何疑问，请扫描下面的"教学支持"二维码，联系相关技术人员解决。

配套素材

教学课件

技术支持

教学支持

目 录

第5章
店铺营销推广图的设计

第6章
商品详情页设计

网店美工与视觉设计标准教程（全彩微课版）

第1章

网店美工入门基础

网店装修是店铺运营中非常重要的一环。网店美工不仅要会使用软件，还要会拍摄、会剪辑，更需要对色彩搭配、文字设计、版式布局、文案策划、页面构成、风格定位、装修流程等方面进行了解和学习。本章主要对网店美工的入门知识进行介绍。

1.1 网店美工知识概述

在学习网店视觉设计之前，要对网店美工的一些基础知识进行了解。例如，网店美工的定义、工作内容以及技能要求。

1.1.1 网店美工的定义

网店美工是对在淘宝、天猫、京东、拼多多等电商平台（图1-1）进行网店页面美化与设计工作者的统称。有别于传统的平面美工，网店美工不仅要掌握图像处理、页面设计与店铺装修，还应具备相应的营销思维，是"美工设计+运营推广"的复合型职业人才。

| 淘宝 | 天猫 | 京东 | 拼多多 |

图 1-1

1.1.2 网店美工的工作内容

网店美工需要根据店家的要求，围绕商品的特点、店铺的风格、活动的主题进行视觉设计，下面对网店美工的工作内容进行详细介绍。

1. 拍摄并美化商品图片

部分网店美工会接到拍摄商品实物图的任务，需结合商品特点，对光线、布局、场景进行调整，将商品的优势与细节呈现出来。拍摄好的商品原片是不能直接使用的，需要进行裁剪、修饰、调色等后期处理，以保证商品可以呈现出比较理想的视觉效果，如图1-2所示。

2. 设计活动推广物料

各大电商平台会不定期举办促销活动，网店美工需要根据活动主题，设计与之相符的海报、主图、宝贝详情页、活动页等，如图1-3所示。

图 1-2

图 1-3

3. 店铺的装修和商品的维护

根据商品的类型确定店铺的装修风格。必须定期美化页面、活动专题。善于研究消费者的购物心理，提炼商品卖点，优化对应商品的文案、标题与主图图片，完成商品与店铺内容的日常更新与维护。

▍1.1.3 网店美工的技能要求

网店美工要熟练的掌握的技能主要有以下两方面。

1. 技能方面

- 熟练使用相机、闪光灯、遮光罩、柔光箱等摄影棚工具，拍摄商品图片以及展示视频。
- 熟练操作Photoshop软件，了解其他视觉设计相关的软件。
- 掌握基础视频剪辑方法。

2. 能力方面

- 掌握基本的美学知识，懂得色彩搭配、版式布局与视觉营销。
- 有一定的美术功底、丰富的想象力与良好的审美能力。
- 有良好的创意思维和理解能力，能及时把握客户的需求，和运营有效交流。
- 熟悉店铺装修制作流程，能独立处理店铺装修中的各项工作。

1.2 网店装修的设计要点

本节将从色彩搭配、文字设计以及版式构图三大方向介绍网店装修的设计要点。

▍1.2.1 色彩搭配

恰当的网店店铺色彩搭配可以给买家营造一个愉快的购物环境。在进行页面设计时，应对主色、辅助色和点缀色进行科学搭配。

1. 主色

画面中占比最多、最醒目的色彩为主色，决定整个画面的基调，确定店铺主色可以从店铺LOGO、店铺/商品风格、消费人群等因素进行考虑。

2. 辅助色

辅助色仅次于主色，起到补充作用，可使整个画面更加饱满。辅助色可以从类似色、邻近色、对比色以及互补色中进行选择。

（1）类似色

色相环中夹角为60°以内的色彩。例如，红橙和黄橙、蓝色和紫色，如图1-4所示。类似色色相对比差异不大，给人统一、稳定的感觉，如图1-5所示。

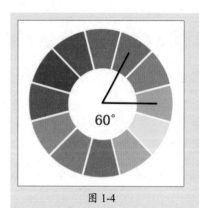

图 1-4

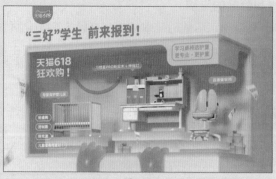

图 1-5

（2）邻近色

色相环中夹角为60°～90°的色彩，例如，红色和橙色、绿色和蓝色等，如图1-6所示。邻近色色相彼此近似，和谐统一，给人舒适、自然的视觉感受，如图1-7所示。

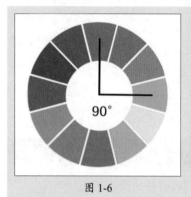

图 1-6

图 1-7

（3）对比色

色相环中夹角为120°左右的色彩，例如，紫色和黄橙色、红色和黄色等，如图1-8所示。可使画面具有矛盾感，矛盾越鲜明，对比越强烈，如图1-9所示。

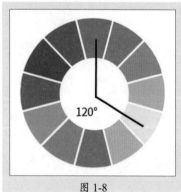

图 1-8

图 1-9

（4）互补色

色相环中夹角为180°的色彩为互补色，例如，红色和绿色、蓝紫色和黄色等，如图1-10所示。互补色有强烈的对比效果，如图1-11所示。

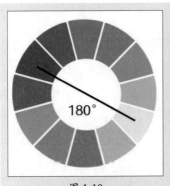

图 1-10

图 1-11

3. 点缀色

点缀色不止一种，可以是多种颜色，主要是起到画龙点睛与引导的作用。

认识色相环

色相环是以红、黄、蓝三色为基础，经过三原色的混合产生间色、复色，彼此呈等边三角形的状态。色相环有6~72色多种。以12色色相环为例，主要由原色、间色、复色、类似色、邻近色、互补色、对比色组成。其中原色、间色、复色的含义如下。

- **原色**：色彩中最基础的三种颜色，即红、黄、蓝。原色是其他颜色混合不出来的，如图1-12所示。
- **间色**：又称第二次色，三原色中的任意两种原色相互混合而成，如图1-13所示。如红+黄=橙；黄+蓝=绿；红+蓝=紫，如图1-14所示。三种原色混合出黑色。

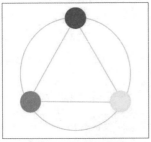

图 1-12

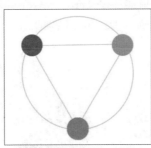

图 1-13

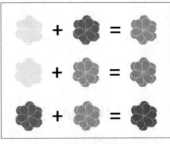

图 1-14

- **复色**：又称第三次色，由原色和间色混合而成，如图1-15所示。复色的名称一般由两种颜色组成，如黄绿、黄橙、蓝紫等，如图1-16所示。

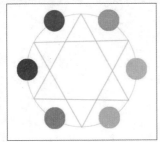

图 1-15

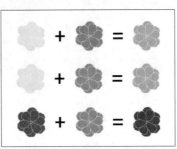

图 1-16

1.2.2 文字设计

在进行页面设计时应选择适合画面风格的字体。常用的字体可以分为宋体、黑体、书法体以及美术体。

（1）宋体

该类型字体的笔画有粗细变化，通常是横细竖粗，末端有装饰部分，点、撇、捺、钩等笔画有尖端，属于衬线字体。宋体字有着纤细优雅、文艺时尚的特点，常用于珠宝首饰、美妆护肤等类型的店铺中，如图1-17所示。

图 1-17

（2）黑体

该类型字体又称为方体或等线体，黑体字字形端庄，笔画横平竖直，没有粗细之分，结构醒目严密，笔画粗壮有力，撇捺等笔画不尖，易于识别阅读。常用于电子数码、家电等类型的店铺中，如图1-18所示。

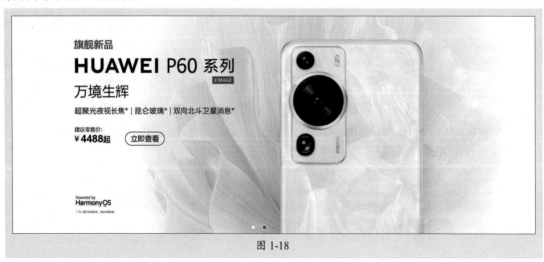

图 1-18

（3）书法体

该类型字体有五种，即行书体、草书体、隶书体、篆书体和楷书体。适用于男性用品、茶饮类、国风等类型的店铺中，如图1-19所示。

图 1-19

（4）美术体

该类型字体是指非正式的、特殊的印刷字体，可以起到美化的效果。美术体字有着美观醒目、变化丰富的特点，适用于各种商品广告，既可用于展示促销信息，又可用于表现商品调性，如图1-20所示。

图 1-20

注意事项 ｜ 字体选择的标准 ｜

在字体的选择上，一般需要参考以下三个标准。

● **易读性**：清晰易读的文字可提升页面转化率。考虑到大部分人的文化背景和识别文字的能力，在设计时尽可能保证文字的易读性，让用户轻松识别与阅读。

● **统一性**：页面的文字字体不宜过多，一般选择1、2种中文字样式，1种英文样式，若品牌字体有明确规定，可以选择品牌文字贯穿。

● **著作权**：字体和设计作品一样，受版权保护。页面中字体需购买其版权，或选择免费可商用的字体，以降低字体侵权风险（免费可商用的字体：思源系列字体、优设免费字体、站酷免费字体、庞门正道免费字体、阿里平台免费字体等）。

1.2.3 版式布局

不同的版式布局可以给消费者带来不同的视觉感受，在设计时，应根据需求选择合适的版式布局，作出协调的画面。

1. 居中构图

该类型构图是指将主体放置于画面的中心位置，能够快速吸引消费者的目光，并表现出稳定、均衡的感觉，如图1-21所示。

2. 左右构图

该类型构图是指将画面根据黄金比例进行分割，主体可放置于画面的左侧或右侧。这种构图极具美学价值，能够表现出和谐感与美感，如图1-22所示。

图 1-21　　　　　　　　　　　　　　　　图 1-22

3. 三角形构图

该类型构图是以3个视觉中心为主要位置，形成一个稳定的三角形，可以是正三角，也可以是斜三角或倒三角，其中斜三角较为常见，也较为灵活。这种构图方法具有稳定、均衡又不失灵活的特点，如图1-23所示。

4. 对角线构图

该类型构图是指将主体放置于画面的斜对角位置，这种构图能够更好地呈现主体，表现出立体感、延伸感和运动感，如图1-24所示。

图 1-23　　　　　　　　　　　　　　　　图 1-24

1.2.4　文案策划

商品上新以及活动促销都需要相应的文案，可以有效地引导销售，展示商品特点，增加品牌力度。在店铺中的不同位置需要不同的文案。

在首页中，有店铺说明、优惠信息、活动信息、分类导航、商品信息、店铺公告等内容，图1-25所示为商品文案。在主图中，有商品宣传广告语、商品卖点、活动信息等内容，如图1-26所示。

图 1-25　　　　　　　　　　　　　　　　　　图 1-26

在详情页中，有活动信息、优惠信息、商品详情、购物须知等内容，如图1-27所示。在店铺会员中，有会员信息、优惠信息、会员专享福利等内容，如图1-28所示。

图 1-27　　　　　　　　　　　　　　　　　　图 1-28

1. 在编写文案之前需要做的准备工作

- 了解商品的基本信息，提取关键词。
- 了解市场信息，明确商品受众和消费群体。
- 分析对手信息，根据自身特点，中和文案。
- 明确活动主题，收集相关商品图、广告图。

2. 如何写好文案

- 主图文案需简明扼要，可以从活动主题、优惠力度下手。
- 详情页文案循序渐进，可以从优惠信息、商品描述、买家须知等方面下手。
- 高价商品强调价值，活动商品强调优惠力度。
- 深挖买家痛点，强调自身优势，引起买家兴趣，刺激购买欲望。
- 使用精短语句，便于阅读。
- 追求真实有效，切勿虚假宣传。
- 展示权威认证以及售后服务信息，消除买家顾虑。

1.3 网店装修的页面构成

本节将分别介绍PC端和移动端的店铺首页、商品详情页的页面构成。

1. 店铺首页页面构成

在PC端，店铺首页通常由店招、导航、轮播海报、促销优惠展示、分类导航、商品展示、店铺公告和底部信息等模块组成。移动端的首页除了和PC端的尺寸不同，内容几乎相同，可根据实际需求添加直播、猜你喜欢、排行榜或更多商品等模板。图1-29、图1-30分别为卫龙食品旗舰店PC端和移动端的首页构成。

图 1-29

图 1-30

2. 店铺详情页页面构成

在PC端和移动端详情页都是由主图和详情区域组成，但尺寸有所不同，如图1-31、图1-32所示。在部分的PC端详情页左侧区域还会显示商品内容信息。

图 1-31

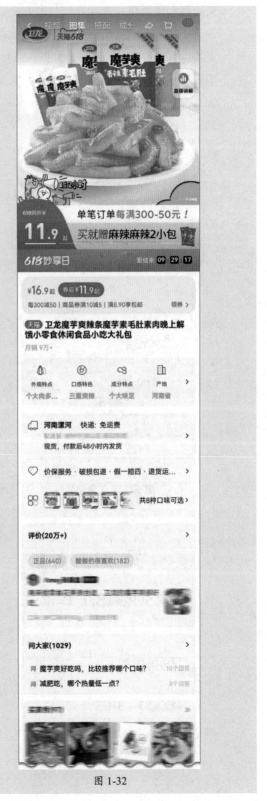

图 1-32

1.4 网店装修的风格定位

网店装修的风格主要有极简风、中国风、科技风、C4D（Cinema 4D）风和插画风。

- **极简风：** 该风格一直深受设计者喜爱，有大量的留白，画面简洁干净。去掉了烦琐的装饰，一目了然地突出商品特点，因此需要极强的商品表现力。该风格多用于数码电器、服装、家居类等品牌店铺，如图1-33所示。

- **中国风：** 该风格一般建立在中国传统文化的基础上，使用中国元素进行设计，例如，书法、山水、戏曲、图腾、传统样式等。该风格多用于食品、珠宝、化妆品等品牌店铺，如图1-34所示。

图 1-33

图 1-34

- **科技风：** 该风格在每年的节日促销中都会被用到，静雅时尚的灰、白、蓝，高饱和的红、蓝色调和部分故障效果，可以产生冷静的机械感、迷幻的未来感与科技感，给人较强的视觉冲击力。该风格常用于数码电器、食品等店铺，如图1-35所示。
- **C4D风：** 该风格可以更好地表现立体的场景感，更好地突出氛围感，多用于食品、饮料、母婴类店铺，此外也多用于各种活动大促，例如，双十一、年货节、年中促销等，如图1-36所示。

图 1-35

图 1-36

● **插画风：** 该风格应用范围广泛，原创性高，根据品牌特征以及画手的绘画风格，可以绘制多种多样的原创风格，因此，该风格多见于儿童商品、食品、母婴类店铺，如图1-37所示。

图 1-37

1.5 网店装修的常用软件

网店装修的常用软件包括视觉设计类软件和视频剪辑类软件两类。

1. 视觉设计类软件

常用的视觉设计类软件有Photoshop、Illustrator和Cinema 4D，如图1-38所示。Photoshop为图像后期处理软件，主要用于商品图片后期抠图、修图、调色，店铺装修、营销海报设计（合成）、GIF动图制作以及详情页切片处理。Illustrator为矢量图形绘制软件，主要搭配Photoshop使用，用于页面中字体与图标的设计。Cinema 4D为三维立体设计软件，主要用于制作复杂的三维动画和模型，轻松创建真实世界中任何形状的物体。

图 1-38

2. 视频剪辑类软件

　　视频剪辑类软件可以使用专业的Premiere，或者智能化、易上手的剪映、爱剪辑等，如图1-39所示。主要用于主图、详情页、首页的商品介绍以及广告视频的剪辑。

图 1-39

1.6　网店装修的基本流程

　　网店装修的基本流程可以细分为需求分析、素材规划、视觉设计、审核修改、完稿切图以及上传装修，如图1-40所示。

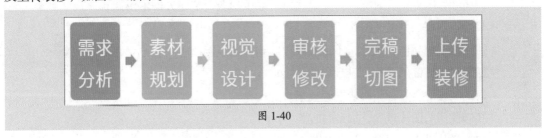

图 1-40

- **需求分析**：针对项目进行分析，明确商品的卖点、文案主题、消费群体，以确定装修页面的风格。
- **素材规划**：根据确定的风格收集整理素材，为后续的视觉设计做准备。
- **视觉设计**：使用Photoshop、Illustrator、Cinema 4D等软件，通过绘制插画、合成、调色、修图等方式制作相关页面的物料。
- **审核修改**：根据修改意见完成设计稿的修改。
- **完稿切图**：设计稿完成校对后，使用Photoshop等软件对页面进行切图导出。
- **上传装修**：将完稿的切图上传至后台的素材中心，进行网店装修、编辑文案、发布商品。

⒬Ⓐ 新手答疑

1. Q: 网上开店有哪些方式?

A: 具体可以分为以下三种方式。

- **网店与实体相结合:** 在线下实体店的支持下，可以更容易取得消费者的认可和信任。
- **全职经营网店:** 经营者将全部精力投入到网站的经营上，网店的收入是个人收入的主要来源。
- **兼职经营网店:** 将经营网店作为副业，全职主妇、在校大学可以利用休息和课余时间经营网店。部分职场人员也可以利用工作的业余时间开设网店，以增加收入。

2. Q: 新手如何开通网店?

A: 在开通网店前，首先要选择适合自己的电商平台。进入官网注册商家账号，确定店铺的类型，选择商品和供货商。然后拍摄商品图像和视频，设计宝贝主图、商品详情页、首页等素材。最后进入卖家后台，设置店铺信息、发布宝贝（上传主图、商品详情页、视频等）、装修店铺、设置推广渠道、关注客户评价、优化店铺运营等。

3. Q: 网店铺装修需要准备哪些材料?

A: 需要准备商品图、商品文案、促销方案和价格。

4. Q: 零基础小白学网店美工需要做什么准备?

A: 零基础的小白想从事网店美工方面的工作，可以先从熟悉操作软件开始，打好基础后通过浏览设计网站和素材网站提高审美能力，结合实际操作对比差距，分析短板后找到适合自己的风格。

5. Q: 网店装修有哪些误区?

A: 网店装修布局和产品的转化率挂钩，在装修店铺时需要避开以下误区。

- 网店装修全凭个人喜好，与产品风格、品牌形象、消费人群不协调。
- 只看点击率来判断装修效果。
- 使用网上的字体、图片，不注意版权问题，造成侵权。
- 随意注册店铺的名称、设计店铺的LOGO。
- 店铺装修配色复杂，影响视觉效果。
- 装修使用的图片过大，加载过程长。
- 宝贝详情页入口太多，分化流量。
- 首页、详情页设计得过长。
- 忽略首页的搜索功能，不能让消费者第一时间找到商品。

第2章
商品图片的采集与发布

　　商品图像采集是店铺装修的第一步，因此需要事先选择拍摄器材、了解商品的拍摄方法并构建拍摄场景，这也是电商美工必须掌握的专业技能。除此之外，还要掌握图片的切片管理、商品图片的上传，以及商品信息的发布。

2.1 商品拍摄的基础知识

本节将对拍摄的基础知识进行介绍，包括商品拍摄的流程，拍摄器材以及辅助器材的选择。

2.1.1 商品拍摄的基本流程

商品拍摄的流程可以分为拍摄前期、拍摄执行与拍摄后期。

1. 拍摄前期

- 在拍摄前要全面了解商品的材质外观、商品特性与使用方法。
- 收集同类商品的优秀案例作为参考，结合商品特点确定拍摄风格。
- 根据商品的特点制定拍摄方案，可以制作一个拍摄计划表，包括拍摄的内容、拍摄要点（细节、光线、色彩、角度、构图等）、拍摄环境以及拍摄张数等。
- 准备拍摄用的商品，擦拭商品，保证商品完整，外观干净整洁。注意不要留下指纹、线头、粉尘颗粒等。
- 准备拍摄用的器材、道具等。布置拍摄的场景、灯光等，如图2-1所示。
- 在拍摄前调整相机参数，试拍时找到问题，以便在实际拍摄时做出调整。

2. 拍摄执行

根据计划表进行拍摄，使用合适的拍摄技巧和构图原则，突出产品的特点和品质。要注意光线、角度、背景布置等问题，最大程度地还原商品的色彩与细节。

3. 拍摄后期

拍摄完成后，根据要求选择照片，将选好的照片导入Photoshop中进行后期处理，包括裁剪、抠取、调色、修复等，如图2-2所示。

图 2-1

图 2-2

2.1.2 拍摄器材的选择

俗话说"工欲善其事，必先利其器"，器材的好坏决定了拍摄图片的质量，选择合适的摄影器材尤为重要。常用的拍摄器材有单反相机和微单相机。

1.单反相机

单反相机即单镜头反光镜照相机，简称单反，如图2-3所示。单反相机相对其他相机画质更高，没有视差且反应迅速，可以搭配与其配套的各种型号摄像头以及附加镜片等。适用于对画质有高要求的商品拍摄。

2.无反/微单相机

无反相机即无反光镜照相机，简称微单相机或单电，如图2-4所示。可更换单镜头相机，具有单反的画质，但比单反相机轻薄，能实现大部分环境下的商品拍摄效果。

图 2-3

图 2-4

> **注意事项** ｜镜头的选择｜
>
> 拍摄小场景及静物，推荐使用微距镜头；拍摄大场景或人像，推荐使用中焦段镜头。

2.1.3　辅助器材的选择

要想拍出高质量的商品图，辅助器材是不可或缺的。拍摄过程中的辅助器材包括但不限于以下几种。

（1）遮光罩

遮光罩安装在单反相机镜头前端，是用于遮挡有害光线的摄影装置，可以有效避免出现雾霭、散射光、干扰光，同时也可以防止镜头的意外伤害，避免手指误触镜头表面。常见的遮光罩有圆筒形、花瓣形、方形三类，以前两类居多，如图2-5所示。在选用前一定要确认尺寸与相机相匹配。

（2）三脚架

三脚架是拍摄中必不可少的器材，如图2-6所示。主要用于稳定照相机的支架，避免在拍摄时发生抖动而产生不清晰或模糊的效果。

<table>
<tr><td>图 2-5</td><td>图 2-6</td></tr>
</table>

（3）柔光箱

柔光箱由反光布、柔光布、钢丝架、卡口组成，如图2-7所示。可以柔化生硬的光线，使光线变得柔和，产品更加细腻，有层次感。

（4）静物台

静物台相当于一张没有桌面的桌子，在其上覆盖半透明的、用于扩散光线的大型塑料板，以便进行布光照明，通过台面的漫反射可以为商品增加立体感，如图2-8所示。主要是用来拍摄小型静物商品。

<table>
<tr><td>图 2-7</td><td>图 2-8</td></tr>
</table>

（5）背景支架板

背景支架板与静物摄影台作用相似，背景支架板可根据拍摄需要调节高度，从小的静物到人像都可以拍摄，更换不同材质的背景纸/布（各种颜色背景纸、硫酸纸、窗帘、丝绸、绒布等），拍摄不同风格的商品，如图2-9所示。

（6）背景纸/布

背景纸/布是商品拍摄过程中不可缺少的辅助设备，可以更好地衬托出商品的特点，让商品展示得更加完美。背景纸的颜色非常丰富，如图2-10所示。要选择简洁的背景纸，不能太花哨，防止产生喧宾夺主的效果。

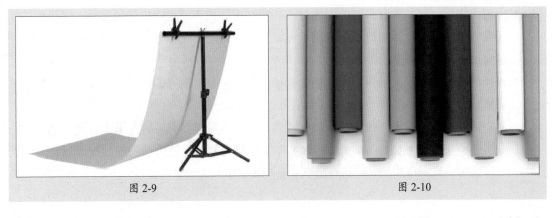

图 2-9 图 2-10

（7）反光伞

反光伞通常用于辅助拍摄人像或具有质感的商品。反光伞有不同的颜色，在商品拍摄中常用的是白色或银色，如图2-11所示。使用反光伞拍摄的物体，正面光线充足、柔和，阴影较淡，是理想的人像摄影光源。

（8）反光板

反光板由锡箔纸、白布、米菠萝等材料制成，如图2-12所示。在景外起辅助照明作用，有时作为主光。不同的反光表面可产生软硬不同的光线。反光板面积越小，效果越差。

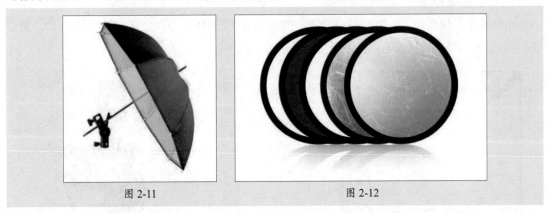

图 2-11 图 2-12

（9）闪光灯

闪光灯能在很短的时间内发出很强的光线，是照相感光的摄影配件。多用于光线较暗的场合瞬间照明，也用于在光线较亮的场合给被拍摄对象局部补光。外形小巧，使用安全，携带方便，性能稳定。闪光灯可分为内置闪光灯、机顶闪光灯和影室闪光灯，如图2-13所示。

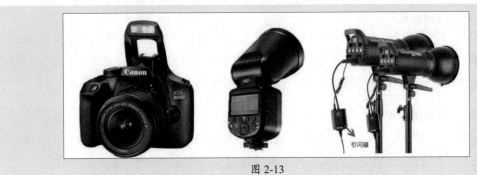

图 2-13

- **内置闪光灯**：相机本身带有的闪光灯，一般亮度比较小，也叫机载闪光灯。高级的单反没有内置闪光灯。闪光灯属于瞬间点光源，照度的强弱受照射距离影响，距离越近强度越强，距离越远强度越弱。
- **机顶闪光灯**：不仅能提供照明，还能有针对性地创造或消除阴影，或者改变皮肤的色彩和质感。
- **影室闪光灯**：体积大，输出功率强，散热性能好，可以搭载各种摄影附件（雷达罩、标准罩、色纸、聚光筒等），实现更多更丰富的打光效果，通过引闪器和接收器，可以同时控制多只灯同步闪光。广泛应用于专业广告摄影和人像摄影。

2.2 拍摄场景的构建

本节将对拍摄场景的构建进行介绍，包括常见的场景构图、场景布置、布光技巧。

2.2.1 拍摄环境的选择

根据商品类型、大小的不同，在拍摄环境的选择上也会有所不同。

1. 小件商品拍摄环境

小件商品占用面积小，适合在较为简单的环境里进行拍摄，例如小摄影棚或自制的小摄影棚，如图2-14、图2-15所示。背景颜色尽量使用白色或纯色。

图 2-14

图 2-15

2. 大件商品室内拍摄环境

大件商品的占用面积，拍摄空间需要大一些，并且室内环境要干净整洁，避免拍到不相关物体。图2-16所示为室内大型摄影棚，室内拍摄对场地的面积、背景、灯光、环境等都有要求，相关辅助器材包括但不限于柔光箱、三脚架、闪光灯、引闪器、反光板等。

3. 大件商品室外拍摄环境

室外拍摄主要选择风景优美的环境作为背景。室外的自然光影响着商品呈现，在拍摄时需避免太阳直射。若外部光照太强，可以使用遮光罩结合小光圈进行拍摄，如图2-17所示。

图 2-16　　　　　　　　　　　　　　　图 2-17

> **注意事项** ｜ **在室内没有摄影棚的拍摄方法** ｜
>
> 若室内没有摄影棚，可以借助自然光拍摄，最佳时间段为天气良好的早上和傍晚。室内需要选择背景干净、整洁的地方。

▌2.2.2　常见的场景构图

商品的拍摄并不是只拍摄商品主体，还需要根据商品特征选择合适的搭配道具以及场景，下面介绍常用的几种场景构图。

1. 横线构图

横线构图是一种常用的构图方式，是指将商品呈横向放置或横向排列的构图方式。给人一种稳定、安静的感觉，多用来表现商品的稳固，并给人安全感。一般情况下，主体占画面的三分之二，避免在中间的位置，如图2-18、图2-19所示。

图 2-18　　　　　　　　　　　　　　　图 2-19

2. 竖线构图

竖线构图是将商品竖向放置或竖向排列的构图方式。常用来拍摄长条或竖直的商品，如图2-20所示。给人一种庄严、有力的感觉，表现出商品的高挑。在画面中选取一些重复的竖线元素进行构图拍摄，可以增加画面的立体感和空间感，如图2-21所示。

3. 斜线构图

斜线构图也叫对角线构图，是将商品斜向放置的构图方式，可细分为立式斜线和平式斜线两种，如图2-22、图2-23所示。不稳定的构图可以加强画面冲击力，使画面中的线条更具动感。

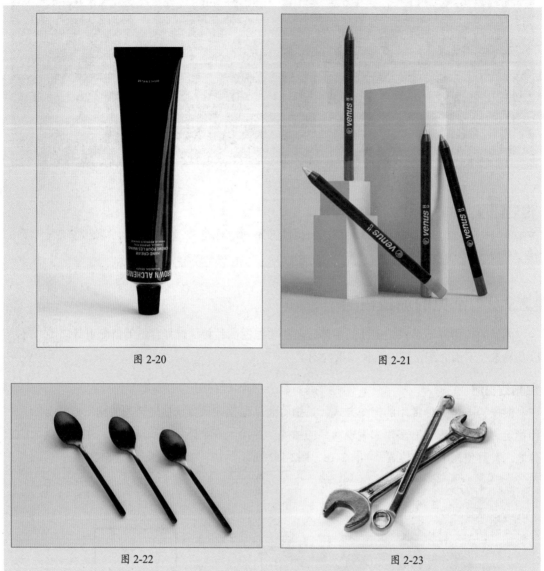

图 2-20

图 2-21

图 2-22

图 2-23

4. 对称构图

对称构图是指所拍摄的商品在画面中利用上下对称或左右对称的关系进行构图，如图2-24、图2-25所示。从而使画面具有平衡、规矩、和谐、稳定等特点。

图 2-24

图 2-25

5. 三分构图

三分构图也叫井字构图，将画面横竖等分为9份。在拍摄商品时，将对象或焦点放在三分线的某一位置上进行构图取景，让对象更加突出，使画面更加美观，如图2-26、图2-27所示。

图 2-26　　　　　　　　　　　　　　　图 2-27

6. 三角形构图

三角形构图将画面的主体放在三角形中，或元素本身形成三角形，可以是正三角、倒三角或者斜三角，如图2-28、图2-29所示。该类构图不呆板，可以使画面呈现稳定、简洁、大气的效果。

图 2-28　　　　　　　　　　　　　　　图 2-29

▌2.2.3　拍摄场景的布置

商品拍摄的场景主要分为纯色背景图和场景图。

1. 纯色背景图

纯色背景中常见的是白底、黑底、灰色底，图2-30所示为灰底。纯色背景可以更好地展示商品的细节与轮廓，是每个商品主图中必备的图片。拍摄纯色背景不需要进行场景的布置，只需要放置好背景卡纸，调好灯光即可进行拍摄。若商品是白色或偏透明色，需将灯光打暗，然后在商品的两侧放置黑色纸板，增加轮廓立体感，如图2-31所示。

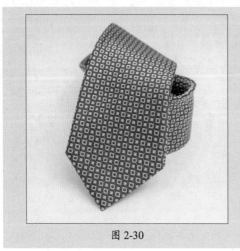

图 2-30

图 2-31

2. 场景图

在拍摄时，可以根据商品的特点和受众人群的属性搭配相应的道具进行点缀。下面举例说明。

- **家居用品**：可以布置复古或温馨的家居场景。
- **餐具**：可以布置餐桌场景，搭配食材、桌布等道具，如图2-32所示。
- **饰品**：可以微距拍摄模特的佩戴效果，根据相应饰品的风格进行元素场景搭配，例如岩石、树枝、镜子、书本、水果等，如图2-33所示。
- **美妆**：可以根据其特点，布置水景或选择模特来呈现效果；也可以布置相应简约的场景，搭配干花、石头、杂志、花瓣、丝绸等道具。

图 2-32

图 2-33

2.2.4 场景布光的技巧

布光可以让商品更有质感，让场景更有氛围感。使用人工光源，可以使拍摄不再局限于时间和空间的限制，在室内常用的布光方式一般包括正面两侧45°布光、两侧90°角布光、单侧90°角不均衡布光、前后交叉布光和后方布光5种方式。

（1）正面两侧45°布光

该种布光方式是最常使用的布光方式，能使正面投射的光线全面且均衡，从而能全面表现商品，且不会有暗角，如图2-34所示。

（2）两侧90°角布光

该种布光方式使商品的受光面在顶部，正面并未完全受光，如图2-35所示。适合拍摄外形扁平的小商品，不适合拍摄立体感较强和具有一定高度的商品。

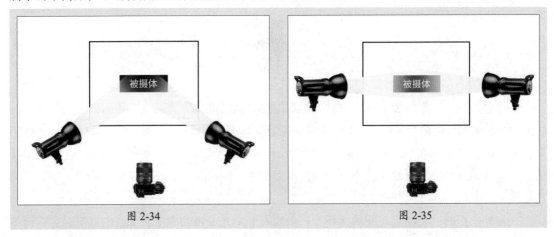

图 2-34   图 2-35

（3）单侧90°角不均衡布光

该种布光方式会在商品的一侧出现严重的阴影，底部的投影也更深，商品细节无法更好地呈现。同时，由于环境光线减少了，反而增大了拍摄的难度。可以在另外一侧使用反光板将光线反射到阴影面上，如图2-36所示。

（4）前后交叉布光

该种布光方式是前侧光和后侧光的组合，如图2-37所示。从商品前面打的光为主光源，后侧打的光可以表现商品表面的层次感，使商品更加立体化。

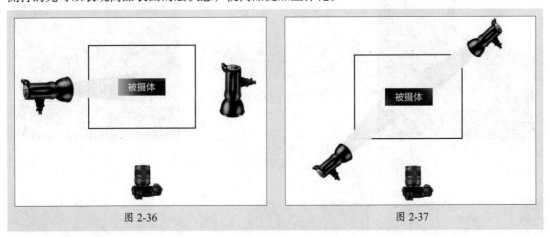

图 2-36   图 2-37

（5）后方布光

该种布光方式又称为轮廓光，是指从商品后方进行的打光方式，如图2-38所示。商品的正面没有光线，从而会产生大片阴影，无法看出商品的全貌，因此，该类打光适合玻璃、琉璃、镂空雕刻等通透性的商品。

图 2-38

环境自然光分为室内和室外。在室内拍照时主要是借助太阳光通过门窗射入室内的光线，方向明显，可以使物体受光部分有较强的明暗对比，如图2-39所示。若要改善明暗对比过大的问题，可以增大拍摄对象与门窗的距离，或者借助反光板给予暗部光源，缩小明暗对比，如图2-40所示。合理地运用环境自然光，不仅使商品纹路清晰、层次分明，还可以增添质感，使其更加有生气。

在室外拍摄时，要注意时间的选择，一般要避开阳光最强的中午，太亮的直射光会在商品上出现刺眼的光斑，影响画面美感；同样要避开阴雨天，会使画面灰暗无生气。可以选择上午8点～10点，下午3点～5点，这两个时间段太阳光光线柔和，成像理想，如图2-41所示。

图 2-39

图 2-40

图 2-41

2.3 商品拍摄技巧

不同材质的商品需要不同的摆放和布光方式，本节介绍不同材质商品的摆放和拍摄技巧。

2.3.1 商品摆设的角度选择

商品的不同角度可以呈现不同的视觉效果，根据商品的特点选择合适的拍摄角度，除了常见的正面、侧面等角度外，还需要拍摄平视、20°-30°侧视、45°侧视等多个角度的照片，如图2-42～图2-44所示。每个角度至少拍摄2、3张，方便后期主图与详情页的使用。

图 2-42

图 2-43

图 2-44

2.3.2　拍摄吸光类商品

　　吸光类商品指的是纸制品、食品、纺织品、木制品、橡胶、纤维制品等表面不光滑，不能对光线形成镜面反射的商品，如图2-45、图2-46所示。吸光类物体在不同明暗程度光线下的显示效果不同，其中最亮的高光部分显示了对应的光源颜色，明亮的部分显示了物体本身的颜色和光源对物体的影响，亮部和暗部的交界部分则显示了物体的表面纹理和质感，暗部则基本不对物体进行显示。

图 2-45

图 2-46

2.3.3　拍摄反光类商品

　　拍摄金属、不锈钢、银器、电镀制品、陶瓷等易反光商品时，选择柔光拍摄，在背景方面选择单一背景，可以使用柔光板、硫酸纸遮住部分灯光，营造全包围或半包围灯光的氛围，也可以使用黑色或白色的卡纸来反光，为商品营造一个干净的环境，避免杂乱的环境反射到商品表面，如图2-47、图2-48所示。

图 2-47　　　　　　　　　　　　　　　图 2-48

2.3.4　拍摄透明类商品

拍摄玻璃制品、水晶制品和部分塑料制品时，由于材质属性可以被光线穿透，一般选择逆光、侧逆光和底部光等。若选择白色背景，可以逆光拍摄，可使表面更加简洁、干净，如图2-49所示；若选择黑色背景，可以借助柔光箱，将其摆放在商品的两侧进行布光，然后在背景或顶部进行布光，能够很好地突出轮廓线条，增加质感，也可以使用底光或侧光，从商品的下方往上拍摄，可以充分地将该材质的通透感表现出来，如图2-50所示。

图 2-49　　　　　　　　　　　　　　　图 2-50

2.4　图片的切片与管理

考虑到网络加载的问题，部分制作好的图片需要进行切片处理。切片越小，网页加载得越快。

Photoshop中存在两种切片：使用切片工具创建的"用户切片"和通过图层创建的"基于图

层的切片"。用户切片和基于图层的切片显示为实线，可以选取显示或隐藏自动切片。每次添加或编辑用户切片或基于图层的切片时，都会重新生成自动切片，自动切片显示虚线，如图2-51所示。

图 2-51

2.4.1 切片的创建

将制作好的源文件导出为JPG格式文件，在Photoshop中打开图像，如图2-52所示。选择"切片工具" ，在图像中创建参考线，在属性栏中单击"基于参考线的切片"按钮，通过参考线创建切片时，将删除所有现有切片，如图2-53所示。

图 2-52   图 2-53

2.4.2 切片的导出

执行"文件"|"导出"|"存储为Web所用格式"命令，在弹出的对话框中可以优化和导出切片图像，如图2-54所示。单击"存储"按钮，生成image文件包，打开文件包可查看存储效果，如图2-55所示。

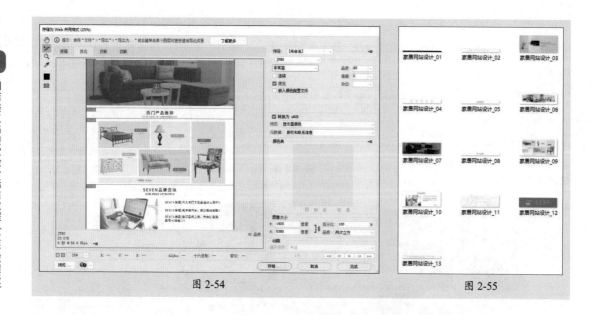

图 2-54   图 2-55

2.5 商品图片上传

以淘宝为例，首先进入淘宝官网，单击"千牛卖家中心" 千牛卖家中心 ，登录后进入"千牛商家工作台"，在该工作台中可进行商品的上传发布以及店铺的装修。

2.5.1 商品素材的上传

素材中心是商家维护公域素材的阵地，在素材中心维护的素材将供给淘宝的多个场景进行投放，帮助商家获得更多的公域流量。

1. 商品素材

在工作台最左侧的菜单栏中单击"商品"选项，在子菜单选项中选择"商品素材"，如图2-56所示。

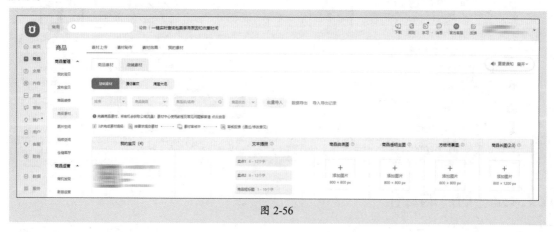

图 2-56

（1）素材上传

在店铺素材中心可以上传基础素材，在该选项中，可上传"基础素材""猜你喜欢"和"淘宝大促"三类素材，其中"基础素材"标签下是商家所拥有的全部商品的素材信息，包括猜你喜欢、天猫大促、淘宝大促等其他标签下的商品。

在"我的宝贝"中可单击"本地上传"按钮 、"图片空间上传"按钮 以及"素材制作工具"按钮 上传商品白底图、商品透明主图、方版场景图以及商品长图，如图2-57所示。

图 2-57

（2）素材制作

在该选项中可以为主图进行打标操作。选择模板尺寸、文案行数、LOGO位置以及价格计算方式，筛选模板后单击"创建投放"按钮，如图2-58所示。

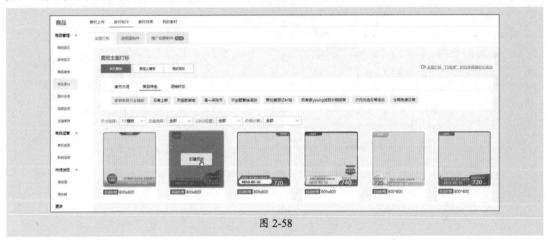

图 2-58

根据所需上传主图图片，填写文案即可，如图2-59所示。

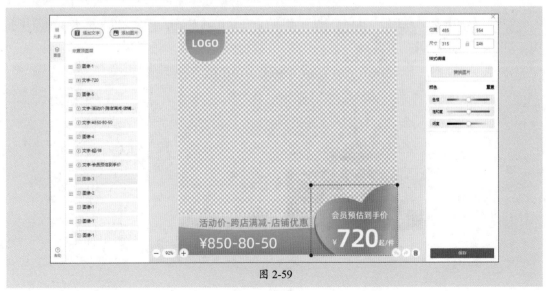

图 2-59

（3）我的素材

在该选项中显示上传的所有素材，在右侧单击"上传"按钮<u>上传</u>，弹出"上传图片"对话框，如图2-60所示。在该对话框中支持选择多张图片上传和拖曳文件上传。为了确保图片能正常使用，仅支持3MB以内的JPG、JPEG、GIF、PNG格式的图片。

图 2-60

单击"新建文件夹"，可以分组上传图片，如图2-61所示。

图 2-61

勾选"添加水印"复选框，单击"设置水印"，在弹出的对话框中可设置文字水印和图片水印，如图2-62、图2-63所示。

图 2-62

图 2-63

2. 图片空间

选择"图片空间"选项，在右侧单击"新建文件夹"按钮 新建文件夹 创建文件夹，单击"上传文件"按钮 上传文件 ，在弹出的对话框中可选择"原图上传"或"图片无压缩上传"，如图2-64所示。

图 2-64

▌2.5.2　商品素材的管理

下面以"图片空间"为例，叫以对上传的素材进行以下管理操作。

1. 重命名

选择目标素材，双击缩览图下方的图片名，在弹出的对话框中可设置新的名称，如图2-65所示。也可以右击图片名，在弹出的快捷菜单中选择"重命名"选项进行设置。

2. 编辑图片

选择目标素材，右击，在弹出的快捷菜单中选择"编辑"选项，在弹出的对话框中可更改图片名称、设置裁剪尺寸、水平垂直翻转图片以及旋转图片，单击"覆盖原图"按钮将替换原图，单击"另存图片"按钮则将调整的图片生成新的图片，单击"重置"按钮可重新设置，如图2-66所示。

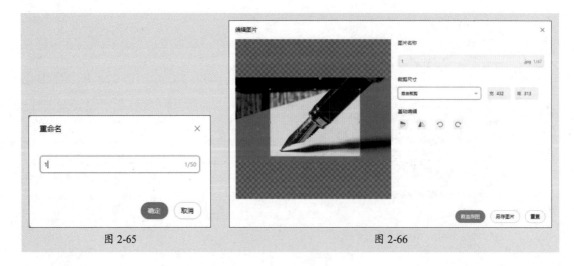

图 2-65   图 2-66

3. 复制图片

选择目标素材，可在缩览图下方直接单击复制选项按钮，如图2-67所示。也可以右击目标素材，在弹出的快捷菜单中选择"复制"选项，如图2-68所示。

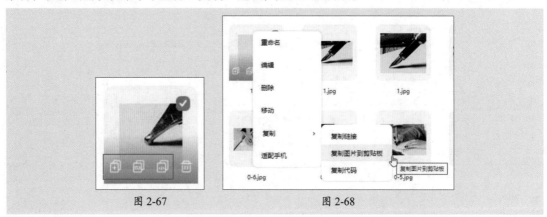

图 2-67   图 2-68

4. 删除图片

选择目标素材，可在缩览图下方直接单击"删除图片"按钮🗑，也可以右击目标素材，在弹出的快捷菜单中选择"删除"选项。

5. 移动

选择目标素材后右击，在弹出的快捷菜单中选择"移动"选项，在对话框中选择或搜索目标文件名，单击"确定"按钮，完成移动，如图2-69所示。

6. 适配手机

选择目标素材后右击，在弹出的快捷菜单中选择"适配手机"选项，弹出提示对话框，单击"确定"按钮，即可将图片尺寸转成手机适配的尺寸，如图2-70所示。转换的图片有可能失真，建议直接裁剪好尺寸再上传。

图 2-69

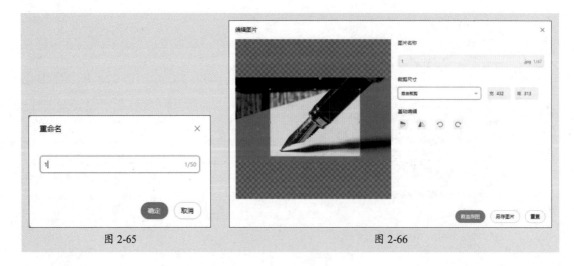

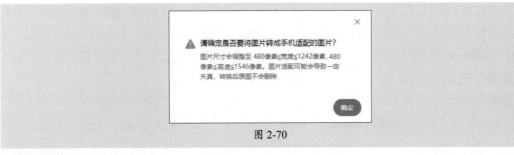

图 2-70

注意事项 |批量编辑素材|

选择多个素材后右击，在弹出的快捷菜单中可进行删除、移动、多选复制、适配手机操作，此时在页面的右上角也显示操作选项，如图2-71所示。

图 2-71

2.6 商品信息发布

上传完素材，便可以进行商品的发布，商品的发布分为宝贝类目的选择、基础素材编辑和导购素材编辑。

2.6.1 宝贝类目的选择

在"商品"选项的子菜单选项中选择"发布宝贝"，跳转至商品发布界面，可手动选择商品类目，也可以输入产品名称，单击"搜索"按钮，淘宝系统会根据宝贝自动搜索与此相应的类目或属性，如图2-72所示。

图 2-72

设置完商品类目后，单击页面底部的"下一步，发布商品"按钮 ，进入商品发布界面，可设置基础信息、销售信息、物流信息、支付信息以及图文描述。在当前类目中单击"切换类目"按钮可更改类目信息，如图2-73所示。不同的宝贝类目发布宝贝的页面会有所不同，根据要求完善宝贝信息即可。

图 2-73

2.6.2 基础素材编辑

图文描述中的基础素材主要是主图、主图视频以及3：4主图三类。

1. 主图

主图需要准备5张不同类型的图片，第5张为白底图，有机会出现在手机淘宝的首页，单击"添加图片"按钮 ，在弹出的"图片空间"中选择图片，如图2-74所示。

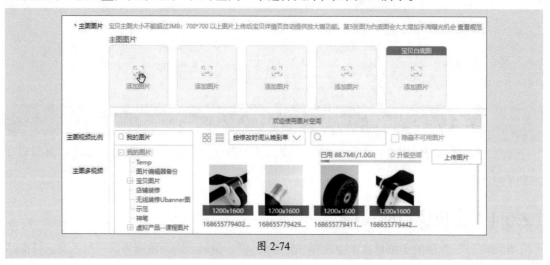

图 2-74

2. 主图视频

主图视频比例支持1：1和3：4两种。以3：4为例，在主图多视频中单击"上传视频"按钮 ，在弹出的菜单中可选择视频上传的方式，如图2-75所示。

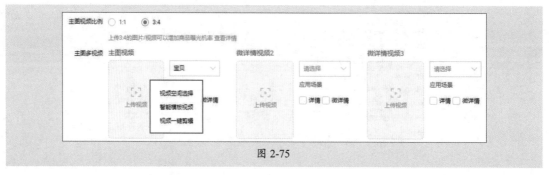

图 2-75

3.3：4主图

3：4主图可以在图片空间中选择，也可以从上传的主图中进行裁剪。单击"从主图裁剪"按钮可直接应用裁剪效果，如图2-76所示。

图 2-76

2.6.3 导购素材编辑

导购素材包括产品说明书和详情描述。

1. 产品说明书

单击田按钮可添加PDF格式文件，如图2-77所示。上传的产品说明将会在订单列表页展示。PDF格式文件的内容可以是商品安装方法、使用方法、保养方法、烹饪食谱等商品使用的相关内容。

图 2-77

2. 详情描述

详情描述即商品的详情页，因为版本的更新，PC端和移动端可以使用同一套描述，无须拆分维护，装修高度限制在35000像素以内，如图2-78所示。

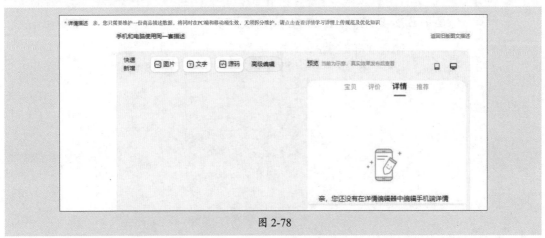

图 2-78

内容上传完成后，单击"提交宝贝信息"按钮 提交宝贝信息 ，即可发布商品。

案例实战：详情页的切片处理

本案例将使用参考线工具、切片工具以及导出命令进行切片处理，下面介绍具体的处理方法。

步骤01 在Photoshop中打开素材图片，按Ctrl+R组合键显示标尺，按住Ctrl+空格键放大图像，自上向下拖动图片创建参考线，如图2-79、图2-80所示。

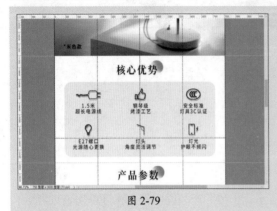

图 2-79

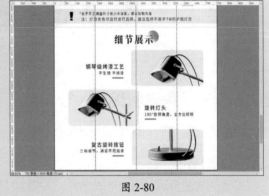

图 2-80

步骤02 选择"切片工具"，单击属性栏中的"基于参考线的切片"按钮，如图2-81所示。

图 2-81

步骤03 执行"文件"|"导出"|"存储为Web所用格式"命令，在弹出的对话框中设置参数，如图2-82所示。

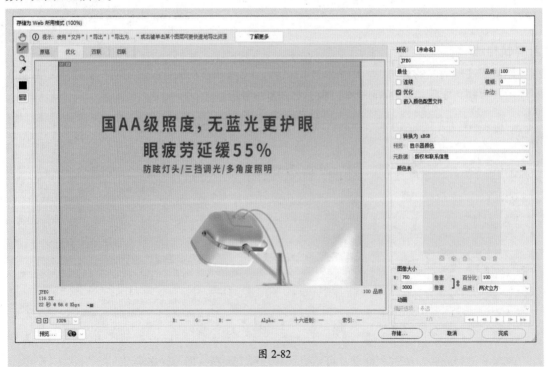

图 2-82

步骤 04 系统将在存储位置新建images文件夹，打开文件夹可查看切片效果，如图2-83所示。

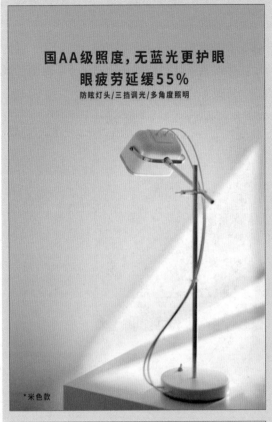

国AA级照度，无蓝光更护眼
眼疲劳延缓55%

防眩灯头/三挡调光/多角度照明

*米色款

核心优势

1.5m
超长电源线

钢琴级
烤漆工艺

安全标准
灯具3C认证

E27螺口
光源随心更换

灯头
角度灵活调节

灯光
护眼不频闪

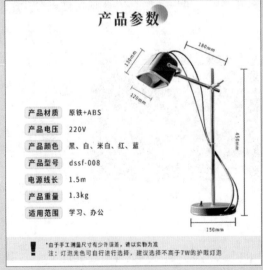

产品参数

130mm
180mm
120mm
450mm
150mm

产品材质	原铁+ABS
产品电压	220V
产品颜色	黑、白、米白、红、蓝
产品型号	dssf-008
电源线长	1.5m
产品重量	1.3kg
适用范围	学习、办公

! *由于手工测量尺寸有少许误差，请以实物为准
注：灯泡光色可自行进行选择，建议选择不高于7W的护眼灯泡

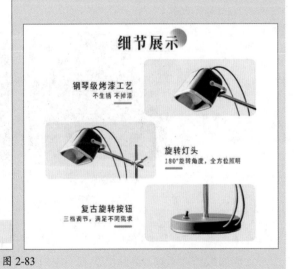

细节展示

钢琴级烤漆工艺
不生锈 不掉漆

旋转灯头
180°旋转角度，全方位照明

复古旋转按钮
三挡调节，满足不同需求

图 2-83

41

1. Q：拍摄的器材像素越高，成像也越好吗？

　　A：像素高的拍摄器材会使画面的细节更加丰富，在放大时，照片依然清晰，但图片文件的大小也会相应变大，如图2-84、图2-85所示。像素数直接影响的是印刷尺寸，对图片画质影响最大的是感光器的尺寸、镜头的质量、防抖等。

图 2-84　　　　　　　　　　　　　　　　　图 2-85

2. Q：拍摄商品使用什么模式？

　　A：使用常亮灯拍摄商品时用AV/A（光圈优先模式）。若用闪光灯，则调整为M（手动模式），如图2-86所示。若拍摄移动或移动中的物体，可以使用TV/S（快门优先模式），如图2-87所示。

图 2-86　　　　　　　　　　　　　　　　　图 2-87

3. Q：商品照片随便拍拍，后期修图就行？

　　A：不要抱有"我随便拍拍，反正有后期修图"的想法，一方面后期处理很浪费时间，另一方面如果处理不好，商品会失真。在拍照前需要考虑商品的构图、光线以及表达的主题等，后期只针对所拍图片的色彩进行微调，去掉商品上的瑕疵、添加文字以及效果点缀等。

4. Q：为什么要对详情页、首页进行切片处理？

　　A：详情页和首页一般会制作得比较长，所占空间也会很大。上传的图片有大小限制，切图可以将分割后的图片控制在规定大小，提高加载速度，方便用户查看。还方便添加链接，使每部分都能添加对应的链接，还方便修改和换图。

网店美工与视觉设计标准教程（全彩微课版）

第3章
商品图片的后期处理

在网店后台上传商品图片前，要对图片的背景颜色、尺寸、颜色、分辨率、存储格式等进行调整。裁剪并导出规定尺寸的图片是图像后期处理的基础，图像的抠取、颜色的校正、瑕疵的修复以及丰富商品图片的内容都是必不可少的。

3.1 商品图片的基础处理

拍摄完成的商品图片需要经过后期处理才能使用，处理商品图片的第一步就是对图片的尺寸进行调整。

3.1.1 调整商品图片的大小

调整图像大小是最常见的图像处理工作流程之一，可以自定义图像的大小，且不会降低图像的锐度。

执行"图像"|"图像大小"命令，或按Ctrl+Alt+I组合键打开"图像大小"对话框，查看图像大小和分辨率，如图3-1所示。

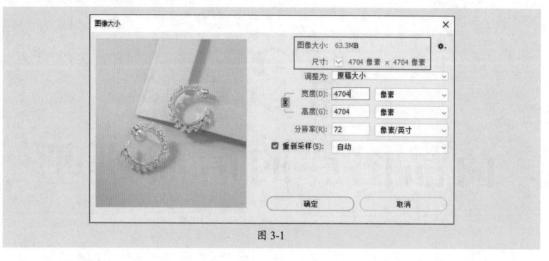

图 3-1

更改图像的宽度，高度也随之变化，如图3-2所示。在对话框的右上区域可以直观地看到当前图像大小和尺寸的变化。

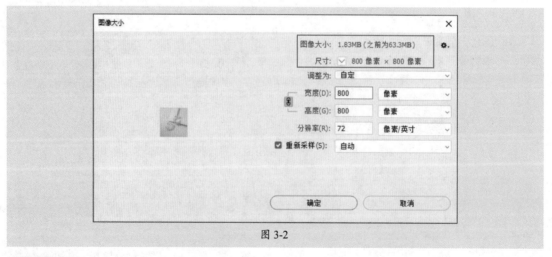

图 3-2

注意事项 | **自定义图像的宽度和高度** |

在"图像大小"对话框中，单击 按钮解除约束长宽比，可自定义图像的宽度和高度。再次单击则约束长宽比。

▌3.1.2　裁剪规则商品的图片

使用裁剪工具裁剪图片可以对图片进行重新构图，改变其大小。在裁剪图片时，可拖动裁剪框，也可以在该工具的属性栏中设置裁剪区域的大小。

打开素材，选择"裁剪工具" ⬚，在选项栏中设置裁剪比例参数，如图3-3、图3-4所示。

图 3-3　　　　　　　　　　　　　　　　　　图 3-4

注意事项 ▏新建裁剪预设 ▏

选择"新建裁剪预设"选项，可将设置的裁剪参数存为预设，如图3-5所示。

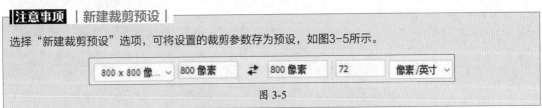

图 3-5

拖动调整裁剪框以及裁剪区域的图片，如图3-6所示。按Enter键完成调整，如图3-7所示。

图 3-6　　　　　　　　　　　　　　　　图 3-7

3.1.3 校正图片的透视效果

透视裁剪工具在裁剪时可校正图片的透视效果。

打开素材后，选择"透视裁剪工具" ⬚，分别在地毯四周创建透视裁剪框，拖动进行调整，如图3-8、图3-9所示。按Enter键完成调整，如图3-10所示。

图 3-8   图 3-9   图 3-10

3.1.4 导出规定大小的图片

在上传商品图片时，通常会指定图片的大小，所以在导出图片要进行简单的设置。执行"文件"|"导出"|"导出为"命令，在弹出的"导出为"对话框中可以设置文件的格式、图像大小、缩放比例等，如图3-11所示。

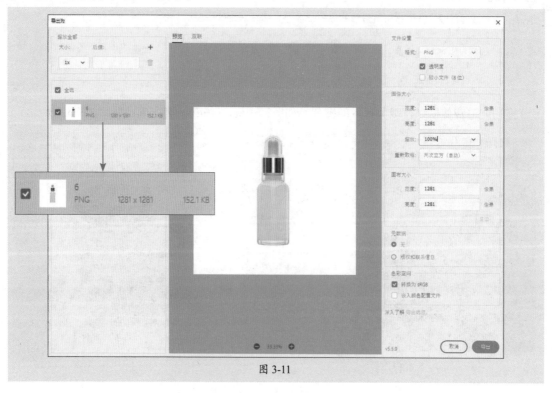

图 3-11

在图3-11的右侧属性栏中可调整图像大小的宽度，如图3-12所示。

图 3-12

知识链接

存储为Web所用格式

执行"文件"|"导出"|"存储为Web所用格式"命令，在弹出的"存储为Web所用格式"对话框中可以设置文件的存储格式、压缩品质以及图像大小等参数，如图3-13所示。

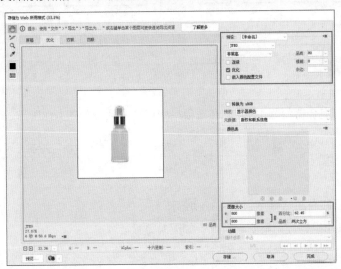

图 3-13

▌3.1.5 校正倾斜的图片

在拍摄过程中，因为角度的问题，有些图像会产生倾斜。面对倾斜的图像，可以使用"裁剪工具"进行调整，下面介绍具体的处理方法。

步骤 **01** 将素材文件拖放至Photoshop中，如图3-14所示。

步骤 **02** 选择"裁剪工具" ，单击选项栏中的 按钮，沿倾斜的角度绘制直线，如图3-15所示。

图 3-14　　　　　　　　　　　　　　　图 3-15

步骤 03 释放鼠标应用拉直效果，如图3-16所示。

步骤 04 按Enter键完成裁剪，如图3-17所示。

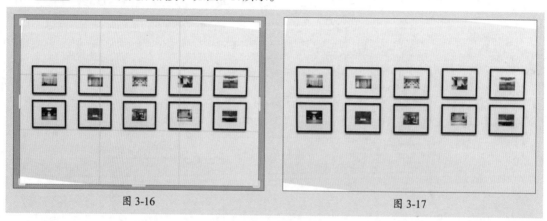

图 3-16　　　　　　　　　　　　　　　图 3-17

步骤 05 选择"混合器画笔工具"，在选项栏中设置参数，如图3-18所示。

图 3-18

步骤 06 在画面四周涂抹修复，如图3-19所示。

步骤 07 按Ctrl+L组合键调整明暗对比，如图3-20所示。

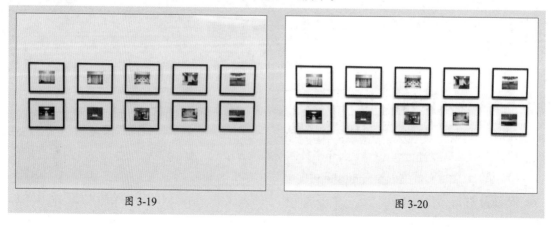

图 3-19　　　　　　　　　　　　　　　图 3-20

3.2 商品图片的抠取

在上传商品图片时，经常需要一些白底或者透明底的图，下面讲解如何对不同类型的图像进行快速准确的抠取。

3.2.1 抠取单色背景图片

单色背景的图片处理起来会很简单，可以使用以下几个工具进行操作。

1. 魔棒工具

魔棒工具是根据颜色的色彩范围来确定选区的工具，能够快速选择色彩差异大的图像区域。

打开素材，选择"魔棒工具" ，单击创建选区，按住Shift键单击可加选选区，如图3-21所示，按Ctrl+Shift+I组合键反选选区，如图3-22所示，按Ctrl+J组合键复制选区，隐藏背景图层或直接删除背景，即可完成抠取，如图3-23所示。

图 3-21　　　　　　　　　　　图 3-22　　　　　　　　　　　图 3-23

2. 快速选择工具

快速选择工具可以利用可调整的圆形笔尖，根据颜色差异迅速地绘制出选区。

打开素材后，选择"快速选择工具" ，拖动鼠标创建选区，按住Shift键加选选区，按住Alt键减选选区，如图3-24所示，按Ctrl+Shift+I组合键反选选区，如图3-25所示，按Ctrl+J组合键复制选区，隐藏背景图层或直接删除背景，即可完成抠取，如图3-26所示。

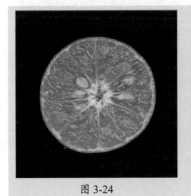

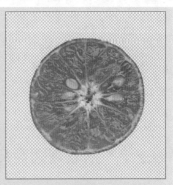

图 3-24　　　　　　　　　　　图 3-25　　　　　　　　　　　图 3-26

3. 对象选择工具

对象选择工具适用于处理定义明确对象的区域，可简化在图像中选择单个对象或对象的某部分的过程。只需在对象周围绘制矩形或套索区域，对象选择工具即可自动选择已定义区域内的对象。

打开素材，选择"对象选择工具" ▣，拖动创建大致选区范围，系统自动生成选区，如图3-27、图3-28所示。按Ctrl+J组合键复制选区，隐藏背景图层或直接删除背景，即可完成抠取，如图3-29所示。

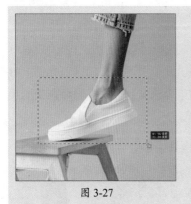

图 3-27　　　　　　　　　　图 3-28　　　　　　　　　　图 3-29

4. 主体

主体命令可自动选择图像中最突出的主体。执行该命令的常见方式有以下几种。

● 在编辑图像时，执行"选择"|"主体"命令。

● 使用对象选择工具、快速选择工具或魔棒工具时，单击属性栏中的"选择主体"按钮。

● 在"选择并遮住"工作区中单击属性栏中的"选择主体"按钮。

打开素材，在选项栏中单击"选择主体"按钮，系统自动生成选区，如图3-30、图3-31所示。按Ctrl+J组合键复制选区，隐藏背景图层或直接删除背景，即可完成抠取，如图3-32所示。

图 3-30　　　　　　　　　　图 3-31　　　　　　　　　　图 3-32

▌3.2.2　抠取规则商品图片

横平竖直的商品图像，可以使用矩形选框工具、多边形套索工具进行抠取。

1. 矩形选框工具

矩形选框工具可以在图像或图层中绘制矩形或正方形选区。

打开素材，选择"矩形选框工具"⬚，绘制选区区域，如图3-33所示。右击，在弹出的快捷菜单中选择"变换选区"选项，按住Alt键调整选区，如图3-34所示。按Ctrl+Enter组合键创建选区，按Ctrl+J组合键复制选区，如图3-35所示。

图 3-33　　　　　　　图 3-34　　　　　　　图 3-35

置入素材图像，调整大小，如图3-36所示。按Ctrl+Alt+G组合键创建剪切蒙版，最终效果如图3-37所示。

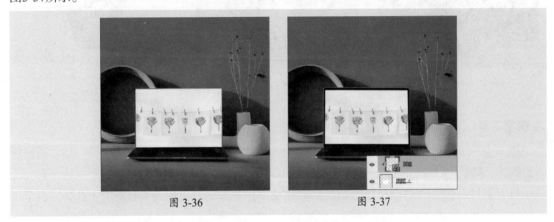

图 3-36　　　　　　　　　　　图 3-37

2. 多边形套索工具

多边形套索工具可以创建具有直线轮廓的多边形选区。

打开素材，选择"多边形套索工具"📐，沿边缘绘制路径，闭合生成选区，如图3-38、图3-39所示。按Ctrl+J组合键复制选区，隐藏背景图层或直接删除背景，即可完成抠取，如图3-40所示。

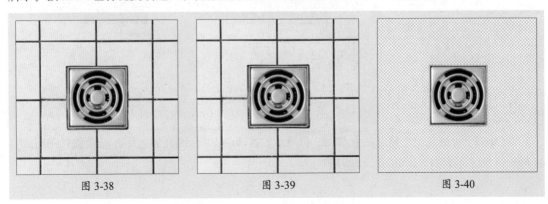

图 3-38　　　　　　　图 3-39　　　　　　　图 3-40

第3章　商品图片的后期处理

3.2.3 抠取不规则商品图片

构造复杂、背景和商品对比不强烈等不规则商品图像，可以使用磁性套索工具、钢笔工具、弯度钢笔工具进行抠取。

1. 磁性套索工具

使用磁性套索工具单击确定选区起始点，沿选区的轨迹拖动鼠标，系统自动在鼠标移动的轨迹上选择对比度较大的边缘产生节点，创建出精确的不规则选区。

打开素材，选择"磁性套索工具" ，单击确定起始点，沿边缘拖动，闭合路径，创建选区，如图3-41、图3-42所示，按Ctrl+J组合键复制选区，隐藏背景图层或直接删除背景，即可完成抠取，如图3-43所示。

图 3-41　　　　　　　　　　图 3-42　　　　　　　　　　图 3-43

2. 钢笔工具

钢笔工具不仅可以绘制矢量图形，也可以对图像进行抠取。选择"钢笔工具"后，需将模式更改为"路径" 路径 。

打开素材，按住Ctrl+空格组合键的同时拖动鼠标放大图像，如图3-44所示。选择"钢笔工具" ，沿边缘绘制路径并闭合路径，如图3-45、图3-46所示。

图 3-44　　　　　　　　　　图 3-45　　　　　　　　　　图 3-46

按Ctrl+Enter组合键创建选区，如图3-47所示。按Ctrl+J组合键复制选区，隐藏背景图层或直接删除背景，完成抠取，如图3-48所示。

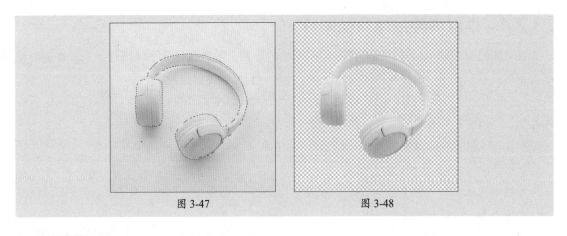

图 3-47   图 3-48

3. 弯度钢笔工具

弯度钢笔工具可以轻松绘制平滑曲线和直线段。

打开素材，如图3-49所示。选择"弯度钢笔工具" 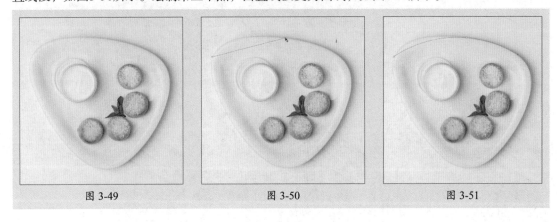，单击创建起始点。绘制第二个点为直线段，如图3-50所示。绘制第三个点，由直线段变为曲线，如图3-51所示。

图 3-49   图 3-50   图 3-51

继续绘制闭合路径，如图3-52所示，单击路径可添加锚点，将光标移到锚点，变为 时可调整锚点的显示位置，如图3-53所示。按Ctrl+Enter组合键创建选区，按Ctrl+J组合键复制选区，隐藏背景图层或直接删除背景，即可完成抠取，如图3-54所示。

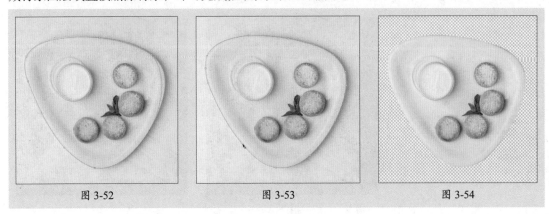

图 3-52   图 3-53   图 3-54

3.2.4　抠取琐碎边缘商品图片

在修图过程中难免会碰到模特的发丝、宠物的毛发、毛绒玩具等不规则边缘或者半透明制品的抠取，可以使用"选择并遮住"命令在工作区内轻松解决这些问题。

"选择并遮住"命令可以对选区的边缘、平滑、对比度等属性进行调整，从而提高选区边缘的品质。可以在不同的视图下查看创建的选区，执行该命令的常见方式有以下几种。

- 执行"选择"|"选择并遮住"命令。
- 按Ctrl+Alt+R组合键。
- 选中选区中的"对象选择工具""快速选择工具""魔棒工具"或"套索工具"，在属性栏中单击"选择并遮住"按钮。

打开素材，如图3-55所示。选择任意一个选区工具，在选项栏中单击"选择并遮住"按钮，单击"选择主体"按钮，选择"调整边缘画笔工具" ，拖动光标涂抹边缘去除杂色，在工作区右侧设置输出参数，如图3-56所示。

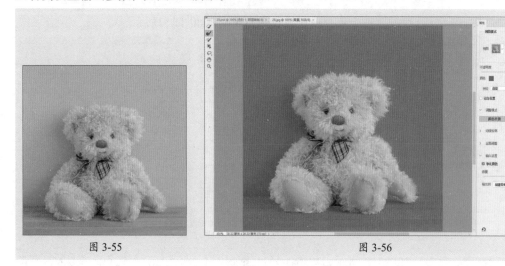

图 3-55　　　　　　　　　　　　　　　　图 3-56

单击"确定"按钮，在"图层"面板中新建透明图层并填充黑色，调整图层顺序，如图3-57、图3-58所示。按Ctrl+L组合键调整图像明暗对比，如图3-59所示。

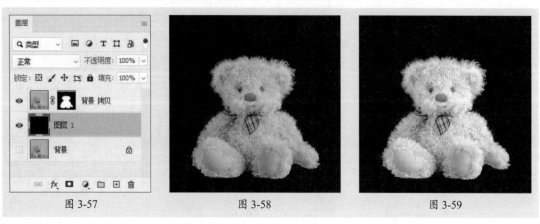

图 3-57　　　　　　　　　　图 3-58　　　　　　　　　　图 3-59

3.2.5 抠取带有模特的商品

拍摄衣服、饰品、耳机等商品时会有模特入境，如何抠取带有模特的商品图
呢？下面介绍具体的处理方法。

步骤 01 将素材文件拖动至Photoshop中，如图3-60所示。

步骤 02 选择"快速选择工具"，在选项栏中单击"选择主体"按钮，如图3-61所示。

步骤 03 分别按住Alt键和Shift键增减调整选区，如图3-62所示。

图 3-60　　　　　　　　　图 3-61　　　　　　　　　图 3-62

步骤 04 在选项栏中单击"选择并遮住"按钮，进入"选择并遮住"工作区，选择"调整边缘画笔工具" 🖌，拖动光标涂抹边缘去除杂色，在工作区右侧设置输出参数，如图3-63所示。

图 3-63

步骤 05 单击"确定"按钮，在"图层"面板中新建透明图层并填充浅灰色，调整图层顺序，如图3-64所示。

步骤06 选择"画笔工具",设置大小和硬度,按D键恢复前景色为黑色,背景色为白色,如图3-65所示。

步骤07 通过涂抹调整图像显示,如图3-66所示。

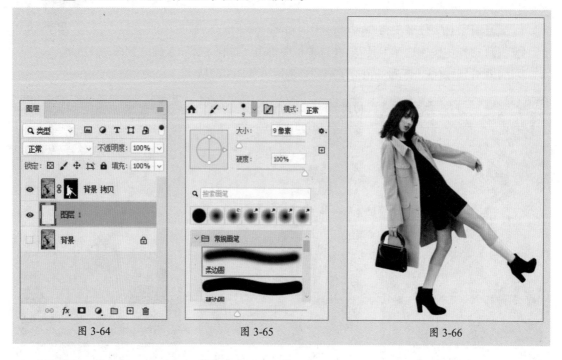

图 3-64   图 3-65   图 3-66

步骤08 按Ctrl+J组合键复制"背景 拷贝"图层,右击,在弹出的快捷菜单中选择"转换为智能对象"选项,隐藏被复制图层,如图3-67所示。

步骤09 调整显示位置,如图3-68所示。

图 3-67   图 3-68

3.3 商品图片颜色的校正

受天气、环境等因素的影响，拍摄的图片可能达不到理想效果，出现曝光过度、曝光不足、偏色等问题。使用Photoshop中的调色命令可以轻松解决这些问题。

3.3.1 调整曝光不足的商品图片

曝光不足的照片画面会显得发灰、发暗。处理这类问题，可以通过执行"色阶"命令进行修正。"色阶"命令主要用来调整图像的高光、中间调以及阴影的强度级别，从而校正图像的色调范围和色彩平衡。

打开素材，如图3-69所示。单击"图层"面板底部的"创建新的填充或调整图层" ，在弹出的菜单中选择"色阶"选项创建调整图层，在"属性"面板中设置参数，如图3-70所示。调整效果如图3-71所示。

| 图 3-69 | 图 3-70 | 图 3-71 |

> **注意事项** ┃ 调整图像颜色的两种方法 ┃
>
> 有两种调整颜色的方法：一是直接执行"图像"|"调整"菜单下的子命令或使用快捷键，此方法会对图像图层应用破坏性调整并删掉图像信息，从而导致无法恢复原始图像；二是创建调整图层，这种方法是非破坏性的，可修改直至满意。

3.3.2 调整曝光过度的商品图片

曝光过度的照片的画面会出现发白效果。这类问题可以通过以下两种方法解决。

1. 执行"曲线"命令进行修正

曲线不仅可以调整图像的明暗，还具备"亮度/对比度""色彩平衡""阈值"和"色阶"等功能。在"曲线"对话框中，移动曲线顶部的点可调整高光；移动曲线中心的点可调整中间调；移动曲线底部的点可调整阴影。要使高光变暗，将曲线顶部附近的点向下移动；要使阴影变亮，需将曲线底部附近的点向上移动。

打开素材，选择"图层"面板底部的"创建新的填充或调整图层" ，在弹出的菜单中选

择"色阶"选项，创建调整图层，在"属性"面板中设置参数，如图3-72、图3-73所示。调整效果如图3-74所示。创建组后重命名为"方法一"，将曲线调整图层移动至组内后隐藏该组。

图 3-72　　　　　　　　　　　图 3-73　　　　　　　　　　　图 3-74

2. 通过更改图层的混合模式进行修正

在"图层"面板中，选择不同的混合模式会得到不同的效果。下面介绍常用的几种模式。

- **正片叠底**：查看每个通道中的颜色信息，并将基色与混合色进行正片叠底。适用于浅色背景和素材。
- **颜色加深**：查看每个通道中的颜色信息，并通过增加二者之间的对比度使基色变暗，以反映混合色。
- **滤色**：查看每个通道的颜色信息，并将混合色的互补色与基色进行正片叠底。适用于深色背景和素材。
- **颜色减淡**：查看每个通道中的颜色信息，并通过减小二者之间的对比度使基色变亮，以反映混合色。
- **叠加**：对颜色进行正片叠底或过滤，具体取决于基色。图案或颜色在现有像素上叠加，同时保留基色的明暗对比。
- **柔光**：使颜色变暗或变亮，具体取决于混合色。若混合色（光源）比50%灰色亮，则图像变亮；若混合色（光源）比50%灰色暗，则图像加深。

▌注意事项│ 混合模式的基础│

掌握混合模式的基础便是明确基色、混合色和结果色的概念。
- **基色**：图像中的原稿颜色。
- **混合色**：通过绘画或编辑工具应用的颜色。
- **结果色**：混合后得到的颜色。

创建组后命名为"方法二"，按Ctrl+J组合键复制图层，更改图层的混合模式为"正片叠加"，如图3-75所示，按Ctrl+J组合键继续复制图层，更改不透明度为50%，如图3-76所示，最终效果如图3-77所示。

图 3-75

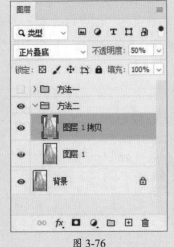

图 3-76

图 3-77

3.3.3 校正偏色商品图像

相机白平衡、拍摄模式设置不当，就会出现图像偏色的效果。这类问题可以通过执行"色彩平衡"命令进行修正。色彩平衡可在图像原色的基础上根据需要添加其他颜色，或通过增加某种颜色的补色，以减少该颜色的数量，从而改变图像的色调。

打开素材，选择"图层"面板底部的"创建新的填充或调整图层" ，在弹出的菜单中选择"色彩平衡"选项，创建调整图层，在"属性"面板中设置参数，如图3-78、图3-79所示。最终效果如图3-80所示。

图 3-78

图 3-79

图 3-80

> **注意事项** | 校正偏色图像的多种方法 |
>
> 除了使用色彩平衡调整偏色图像，还可以使用"可选颜色""色阶"以及"曲线"等命令进行针对性调整。

3.3.4 加强商品图片饱和度

为了成片的美观，有时候会为商品增强饱和度，尤其是食品类、鲜花类商品。处理这类问题，可以通过执行"色相/饱和度"命令进行修正。"色相/饱和度"命令不仅可以用于调整图像像素的色相和饱和度，还可以用于灰度图像的色彩渲染，从而为灰度图像添加颜色。

打开素材，选择"图层"面板底部的"创建新的填充或调整图层"，在弹出的菜单中选择"色相/饱和度"选项创建调整图层，在"属性"面板中设置参数，如图3-81、图3-82所示。最终效果如图3-83所示。

图 3-81

图 3-82

图 3-83

知识链接

使用"色相/饱和度"命令调整图像色相

"色相/饱和度"命令不仅可以调整图像的饱和度，还能更改图像的色相。勾选"着色"复选框后可以将图像调整为单色效果。使用工具选中需要调整的区域，通过调整"色相/饱和度"界面中的色相值调整图像颜色。图3-84、图3-85所示为调整色相前后的对比效果。

图 3-84

图 3-85

3.3.5 通过取样校正图像颜色

使用相机拍摄白底商品图时，会因各种原因出现偏灰、偏色等效果，如何处理这类效果的商品图呢？下面介绍具体的处理方法。

步骤 **01** 将素材文件拖动至Photoshop中，如图3-86所示。

步骤 **02** 按Ctrl+J组合键复制图层，如图3-87所示。

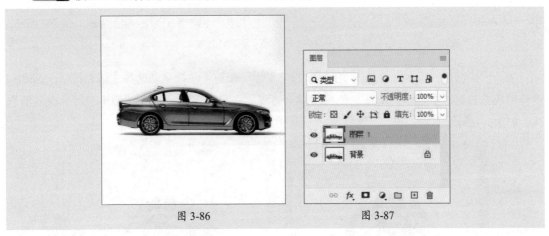

图 3-86　　　　　　　　　　　　　　　　　图 3-87

步骤 **03** 或按Ctrl+L组合键，在弹出的"色阶"对话框中选择"在图像中取样以设置白场" ，如图3-88所示。

步骤 **04** 将光标放置图像背景处单击取样，最终效果如图3-89所示。

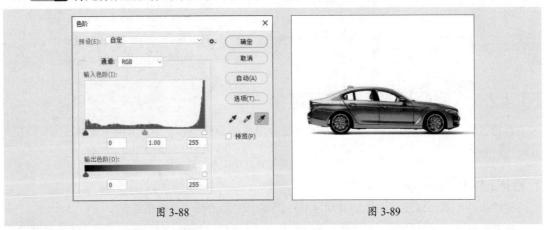

图 3-88　　　　　　　　　　　　　　　　　图 3-89

注意事项 | 将参数恢复到默认值 |

在该对话框中按住Alt键，"取消" 取消 按钮会变为"复位" 复位 按钮，单击该按钮，可以快速将参数设置恢复到默认值。

3.4 商品图片的瑕疵修复

拍摄商品时，不可避免会出现各种瑕疵，例如反光、污点、斑点等，在Photoshop中可以使用修复工具进行瑕疵的修复。

3.4.1 净化商品图片背景

在拍摄时，因为灯光的影响，有时会出现背景光照不均匀，或者出现暗角、部分偏色等问题，这类问题可以通过混合器画笔工具进行修正。混合器画笔工具可以像传统绘画中混合颜料一样混合像素，轻松模拟真实的绘画效果。

打开素材，选择"混合器画笔工具" 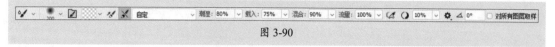，在选项栏中设置参数，如图3-90所示。

图 3-90

选择"快速选择工具"，单击选项栏中的"主体"按钮，系统自动选择主体，按Ctrl+Shift+I组合键反选选区，如图3-91所示。使用"混合器画笔工具"涂抹背景，按Ctrl+D组合键取消选区，如图3-92所示。

图 3-91　　　　　　　　　　　　　图 3-92

3.4.2　去除商品图片中的杂物

在拍摄时，因为构图的问题，画面中可能会出现多余的杂物。这类问题可以通过以下几种方法进行修正。

1. 修补工具（内容识别）

使用修补工具可以使用图像中其他区域或图案中的像素修复选中的区域。

打开素材，选择"修补工具" ，拖动光标绘制选区，如图3-93所示。按Shift+F5组合键，在弹出的"填充"对话框中选择内容为"内容识别"选项，如图3-94所示。

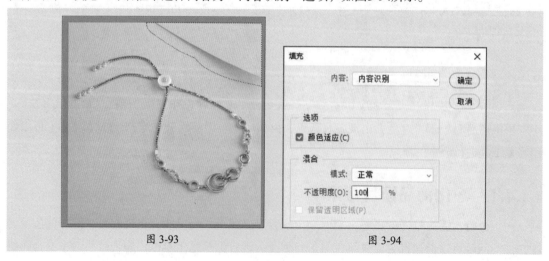

图 3-93　　　　　　　　　　　　　图 3-94

按Enter键完成填充，按Ctrl+D组合键取消选区，如图3-95所示。使用"混合器画笔工具"涂抹调整右上角，如图3-96所示。

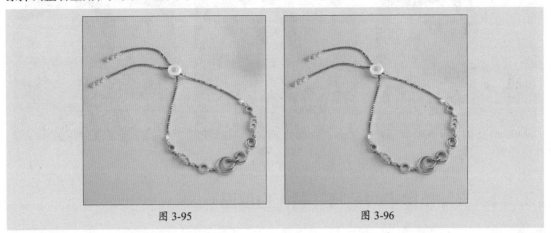

图 3-95　　　　　　　　　　　　　　图 3-96

2. 仿制图章工具

使用仿制图章工具可以对图像进行取样，可以将取样图像应用到同一图像或任意图像的任意位置。仿制图章工具中复制图像的功能可以修复图像中的瑕疵，从而达到修复、净化画面的效果。

打开素材，选择"仿制图章工具" ⚑，按住Alt键对图像进行取样，如图3-97所示，将画笔移动至覆盖的位置并单击，如图3-98所示。使用相同的方法取样并应用，如图3-99所示。

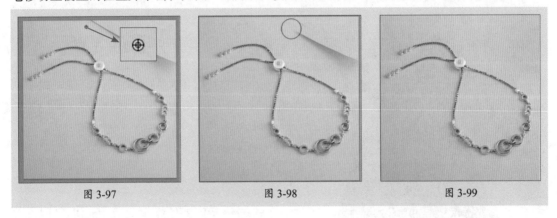

图 3-97　　　　　　　　　图 3-98　　　　　　　　　图 3-99

3.4.3　修复商品图片上的瑕疵

拍摄商品前会对商品进行擦拭，但不可避免会出现斑点、污点、指纹等问题，处理这类问题可以使用污点修复画笔工具，也可用来修复破损图像。污点修复画笔工具是将图像的纹理、光照和阴影等与所修复的图像进行自动匹配。该工具不需要取样来定义样本，只要确定需要修补的图像的位置，然后在需要修补的位置单击并拖动鼠标，释放鼠标即可修复图像中的污点或瑕疵。

打开素材，选择"污点修复画笔工具" ✒，将画笔在需要修复的位置上进行涂抹，如图3-100、图3-101所示。释放即可修复瑕疵，如图3-102所示。

图 3-100　　　　　　　　　　图 3-101　　　　　　　　　　图 3-102

3.4.4　去除图像中的杂物并制作白底图

白底图是主图中不可或缺的，如何将商品图片转换为白底图呢？下面介绍具体的处理方法。

步骤 01 将素材文件拖动至Photoshop中，选择"修补工具" ⊡，拖动绘制选区，如图3-103所示。

步骤 02 按Shift+F5组合键，在弹出的"填充"对话框中选择内容为"内容识别"选项，如图3-104所示。

图 3-103

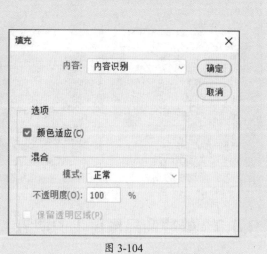

图 3-104

步骤 03 按Enter键完成填充，如图3-105所示。

步骤 04 按Ctrl+D组合键取消选区，使用"混合器画笔工具"净化左侧区域背景，如图3-106所示。

步骤 05 选择"快速选择工具"，单击选项栏中的"主体"按钮，系统自动选择主体，按Ctrl+Shift+I组合键反选选区，如图3-107所示。

步骤 06 按Ctrl+L组合键，在弹出的"色阶"对话框中选择"在图像中取样以设置白场" ⬚，将光标放置在图像背景处单击取样，最终效果如图3-108所示。

图 3-105　　　　　　　　　　　　　　　　　图 3-106

图 3-107　　　　　　　　　　　　　　　　　图 3-108

3.5　丰富商品图片内容

处理完商品图像后，可以使用文字工具添加文案，使用形状工具添加形状装饰，通过画笔和图层样式添加投影，还可以使用蒙版合成创建图像。

3.5.1　添加商品文案信息

除了规定的白底、透明图，其他的商品图片都必须要有文字内容，既可以是价格，也可以是商品信息，还可以是宣传标语。使用"文字工具"可以在商品图片上添加文案信息。

1. 创建点文字

使用"横排文字工具" **T** 在图像中单击，文档中会出现一个闪动光标，如图3-109所示。输入文字后，系统将自动创建一个缩略图显示为T的图层，如图3-110所示。

图 3-109　　　　　　　　　　　　　　图 3-110

选择"切换文本取向"，切换文本方向，如图3-111所示。单击色块设置文本颜色，效果如图3-112所示。

图 3-111　　　　　　　　　　　　　　图 3-112

2. 创建段落文字

若需要输入的文字内容较多，可创建段落文字，对文字进行管理并对格式进行设置。

选择"横排文字工具"T，将光标移动到图像窗口中，当光标变成插入符号时，按住鼠标左键，拖动创建文本框，如图3-113所示。文本插入点会自动插入到文本框前端，在文本框中输入文字，当文字到达文本框的边界时会自动换行，调整文本框四周的控制点，可以调整文本框大小，如图3-114所示。

图 3-113　　　　　　　　　　图 3-114

3. 设置段落文字

添加文本或段落文本后，除了在选项栏中设置基础的样式、大小、颜色等参数，还可以在"字符"和"段落"面板设置字距、基线移动等参数。

在选项栏中选择"切换字符或段落面板" ▣，执行"窗口"|"字符"命令或按F7功能键，打开或隐藏"字符"面板，在该面板中可以精确地调整所选文字的字体、大小、颜色、行间距、字间距和基线偏移等属性，方便文字的编辑，如图3-115所示。

在选项栏中选择"切换字符或段落面板" ▣，执行"窗口"|"段落"命令，打开或隐藏"段落"面板，在该面板中可对段落文本的属性进行细致地调整，还可使段落文本按照指定的方向对齐，如图3-116所示。

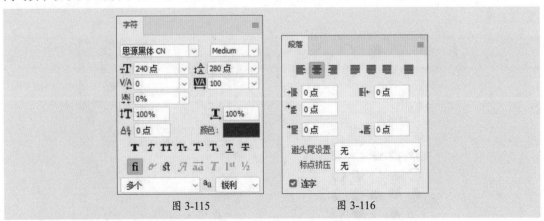

图 3-115　　　　　　　　　　图 3-116

▎3.5.2　添加装饰形状

使用钢笔工具可以绘制自定义装饰形状；使用形状工具可以在画面上添加规则的装饰形状，例如矩形、圆角矩形、圆形、三角形、多边形、直线等；使用自定形状工具可以添加系统自带的创意形状。下面以绘制圆角矩形和应用自定义形状工具为例进行讲解。

1. 绘制圆角矩形

矩形工具可以绘制任意方形或具有固定长宽的矩形和圆角矩形。选择"矩形工具" ，拖动光标绘制矩形，如图3-117所示。拖动内部的控制点可调整圆角半径，如图3-118所示。也可以在"属性"面板中设置圆角半径参数，如图3-119所示。

图 3-117	图 3-118	图 3-119

知识链接

绘制精确尺寸的矩形

若要绘制精确尺寸的矩形，则选择"矩形形状"后在文档中单击，在弹出的对话框中设置精确的宽度、高度以及半径值。其他形状也可参照此方法。

2. 应用自定义形状工具

自定义形状工具可以绘制系统自带的不同形状。选择"自定形状工具" 🖾，单击选项栏中的 ⚙ 图标，可选择预设自定形状，如图3-120所示。按住Shift键拖动鼠标绘制等比例形状，如图3-121所示。

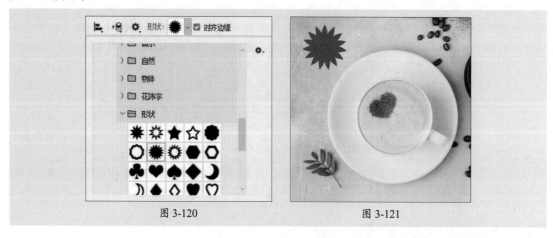

图 3-120	图 3-121

执行"窗口"|"形状"命令，弹出"形状"面板，单击"菜单"按钮 ▤，在弹出的菜单中选择"旧版形状及其他"选项，即可添加旧版形状，如图3-122、图3-123所示。

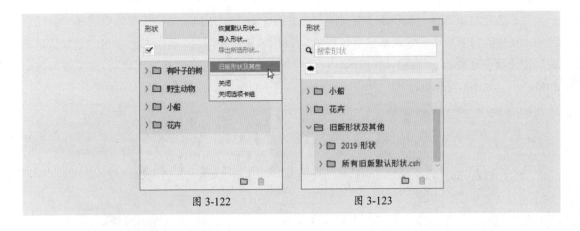

图 3-122   图 3-123

3.5.3 添加倒影/投影效果

为商品添加阴影，可以使其更加立体、有质感。创建倒影和投影要虚实结合，距离产品越近的地方，影子越实；距离产品越远的地方，影子越虚，如图3-124、图3-125所示。

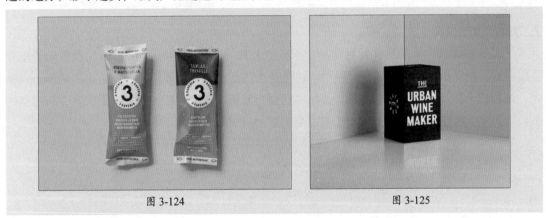

图 3-124   图 3-125

1. 为商品添加倒影

倒影是物体镜像的反映，为商品添加倒影的方法很简单。使用"钢笔工具"将连接底部的面抠取出来，如图3-126所示，框选两个抠出的面，按Ctrl+T组合键自由变换，右击，在弹出的快捷菜单中选择"垂直翻转"选项后，如图3-127所示。

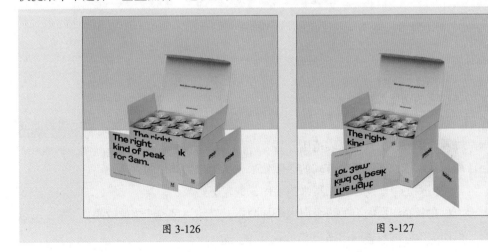

图 3-126   图 3-127

分别选择抠出的面，按Ctrl+T组合键自由变换，右击，在弹出的快捷菜单中选择"斜切"选项，在中间向下拖动图像调整显示，如图3-128所示。选择图层1、图层2，单击"添加适量蒙版"按钮🔲创建蒙版，如图3-129所示。设置前景色为黑色，选择"渐变工具"，在蒙版中拖动调整显示，如图3-130所示。

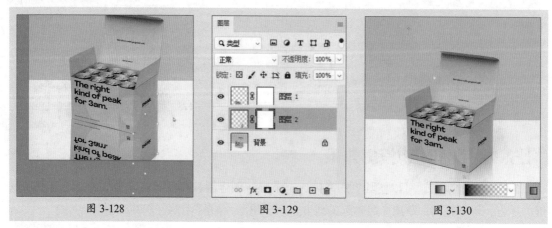

图 3-128　　　　　　　　　图 3-129　　　　　　　　　图 3-130

2. 为商品添加投影

投影是光线将物体的形状投射到一个承载物上的阴影。在Photoshop中添加投影需要用到图层样式。使用图层样式功能，可以简单快捷地为图像添加斜面和浮雕、描边、内阴影、内发光、外发光、光泽以及投影等效果。选择"图层"面板底部的"添加图层样式"🔲，从弹出的下拉列表中选择任意一种样式，弹出"图层样式"对话框，如图3-131所示。

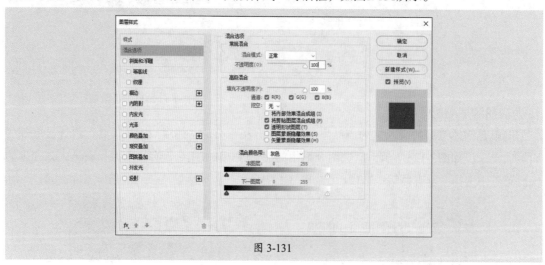

图 3-131

该对话框中各选项的功能如下。

- **混合选项：** 设置图像的混合模式与不透明度，设置图像的填充不透明度，指定通道的混合范围，以及设置混合像素的亮度范围。
- **斜面与浮雕：** 可以添加不同组合方式的浮雕效果，从而增加图像的立体感。
- **描边：** 可以使用颜色、渐变以及图案来描绘图像的轮廓边缘。
- **内阴影：** 可以在紧靠图层内容的边缘向内添加阴影，使图层呈现凹陷的效果。
- **内发光：** 沿图层内容的边缘向内创建发光效果。

- **光泽：** 可以为图像添加光滑的、具有光泽的内部阴影。
- **颜色叠加：** 可以在图像上叠加指定的颜色，通过混合模式的修改调整图像与颜色的混合效果。
- **渐变叠加：** 可以在图像上叠加指定的渐变色。
- **图案叠加：** 可以在图像上叠加图案。通过混合模式的设置，使叠加的图案与原图进行混合。
- **外发光：** 可以沿图层内容的边缘向外创建发光效果。
- **投影：** 可以为图层模拟向后的投影效果，增强某部分的层次感以及立体感。

导入素材，选择"图层"面板底部的"添加图层样式" [fx]，从弹出的下拉列表中选择任意一种样式，即可弹出"图层样式"对话框，选择"投影"选项，设置参数，如图3-132、图3-133所示。应用效果如图3-134所示。

图 3-132　　　　　　　　　　图 3-133　　　　　　　　　　图 3-134

选择投影图层，右击，在弹出的快捷菜单中选择"创建图层"选项，如图3-135所示。对创建的阴影图层自由变换调整，如图3-136所示。创建蒙版，使用"渐变工具"调整显示，最终效果如图3-137所示。

图 3-135　　　　　　　　　　图 3-136　　　　　　　　　　图 3-137

3.5.4　添加水印

水印是保护商品版权的重要途径，在Photoshop中可以通过创建动作为图像批量添加水印。

注意事项 | 不能被动作命令记录的操作 |

在Photoshop中，以下为不能被直接记录的命令和操作。

- 使用"钢笔工具"手绘的路径。
- 使用"画笔工具""污点修复画笔工具"和"仿制图章工具"等进行的操作。
- 在属性栏、面板和对话框中的部分参数。
- 窗口和视图中的大部分参数。

打开素材后，在"动作"面板中分别选择面板底部的"创建新组"和"创建新动作"，输入动作组名称和动作名称，效果如图3-138所示。选择"横排文字工具" T，输入水印文字，如图3-139、图3-140所示。

图 3-138

图 3-139

图 3-140

添加"混合选项"和"描边"参数，如图3-141所示。按Ctrl+E组合键合并图层，单击■按钮结束录制，如图3-142所示。打开素材图像，在"动作"面板中单击"播放选定的动作"按钮▶应用动作，效果如图3-143所示。

图 3-141

图 3-142

图 3-143

3.5.5 使商品主体更加立体化

抠取完商品图片后，经常会出现一个光秃秃的主体，此时添加一个投影，会立马让商品立体化。下面介绍具体的处理方法。

步骤 01 将素材文件拖至Photoshop中，如图3-144所示。

步骤 02 双击"图层1"，在弹出的"图层样式"对话框中选中"投影"选项设置参数，如图3-145所示。

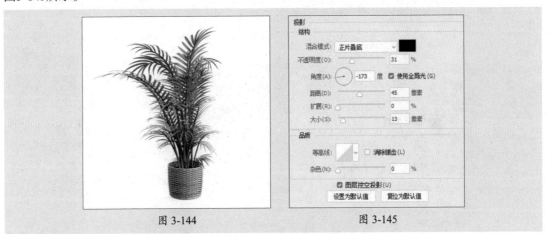

图 3-144   图 3-145

步骤 03 将素材文件拖至Photoshop中，如图3-146所示。

步骤 04 双击"图层1"，在弹出的"图层样式"对话框中选中"图层"选项设置参数，如图3-147所示。

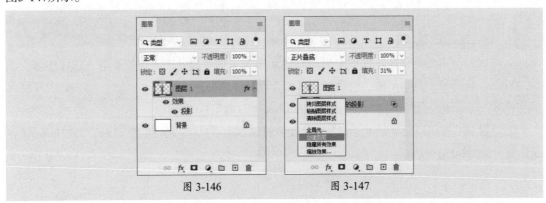

图 3-146   图 3-147

步骤 05 按Ctrl+T组合键自由变换，按住Alt键分别单击四个角的端点进行调整，如图3-148所示。

步骤 06 在"图层"面板中单击"添加图层蒙版"按钮 ▢ 创建图层蒙版，如图3-149所示。

图 3-148   图 3-149

步骤 07 按设置前景色为黑色，选择"渐变工具" ，在选项栏中设置渐变类型，如图3-150所示。

步骤 08 沿投影方向创建渐变，如图3-151所示。

图 3-150　　　　　　　　　　　　　　图 3-151

案例实战：全面优化图像显示

本案例将演示如何全面地对商品图像进行后期处理，包括裁剪、选择主体、混合背景、色彩平衡、色阶等。下面介绍具体的处理方法。

步骤 01 将素材文件拖至Photoshop中，如图3-152所示。

步骤 02 按C键切换至"裁剪工具"，设置裁剪比例为"800×800像素 72dpi"，按Enter键完成裁剪，如图3-153所示。

图 3-152　　　　　　　　　　　　　　图 3-153

步骤 03 选择"快速选择工具"，单击选项栏中的"主体"按钮，按Ctrl+Shift+I组合键反选，如图3-154所示。

步骤 04 选择"混合器画笔工具"涂抹净化背景，按Ctrl+D组合键取消选区，如图3-155所示。

图 3-154　　　　　　　　　　　　图 3-155

步骤 05 选择"快速选择工具",选择沙发主体,如图3-156所示。

步骤 06 选择"图层"面板底部的"创建新的填充或调整图层" ◐ ,在弹出的下拉列表中选择"色彩平衡"选项,创建调整图层,在"属性"面板中设置参数,如图3-157所示。

步骤 07 效果如图3-158所示。

图 3-156　　　　　　　　图 3-157　　　　　　　　图 3-158

步骤 08 复制背景图层,按住Ctrl键载入色彩平衡蒙版选区,如图3-159所示。

步骤 09 选择"图层"面板底部的"创建新的填充或调整图层" ◐ ,在弹出的下拉列表中选择"色阶"选项,创建调整图层,在"属性"面板中设置参数,如图3-160所示。

步骤 10 效果如图3-161所示。

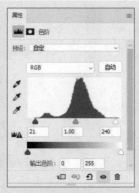

图 3-159　　　　　　　　图 3-160　　　　　　　　图 3-161

1. Q: 如何去除抠取的图像边缘处的白边或黑边?

A: 若出现杂边,可执行"图层"|"修边"命令,在子菜单中执行"移去黑色杂边"或"移去白色杂边"命令;若仍不满意,可执行"图层"|"修边"|"去边"命令,在弹出的"去边"对话框中设置宽度像素,如图3-162所示。

图 3-162

2. Q: 为什么要创建蒙版? 蒙版中的黑、白、灰分别代表什么?

A: 创建蒙版可以最大程度地保留图像的完整,"停用蒙版"可将图像恢复到最初状态。蒙版中的黑色表示遮盖图像;白色代表显示图像;灰色代表半透明的图像效果,如图3-163、图3-164所示。

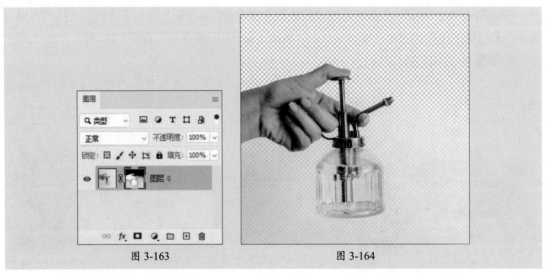

图 3-163   图 3-164

3. Q: 如何快速运用文字样式?

A: 在进行大量文字排版时,可在"字符样式"面板中新建字符样式,如图3-165所示,双击创建的"字符样式1",在弹出的如图3-166所示的"字符样式选项"对话框中进行详细编辑。单击设置好的字符样式便可应用。

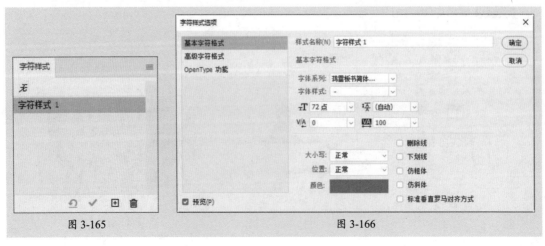

图 3-165   图 3-166

网店美工与视觉设计标准教程(全彩微课版)

第4章

网店视频的拍摄与制作

短视频的发展促进了电商的视频化趋势。主图视频、详情视频、用户体验视频等均可以让买家更加直观、全面地了解商品。因此，要充分地了解网店中视频的类型与应用场景，根据要求拍摄与之相符的视频，通过剪辑软件进行加工，最后上传至后台。

4.1 关于网店视频

由于短视频的发展，越来越多的卖家会在店铺中放置视频，以吸引更多的流量。本节对店铺中视频的类型以及应用场景进行讲解。

▌4.1.1 店铺视频的类型

店铺中视频可大致分为以下三类。

1. 卖点展示 / 功能讲解

该类视频使用真人结合实际使用场景展示商品特点和卖点，配合使用前后对比、优劣对比等，可以让消费者更加直观地感受产品的细节和规格。这类视频适用于美妆、个护、食品、生鲜、母婴亲子等全类目，如图4-1、图4-2所示。

图 4-1　　　　　　　　　　　图 4-2

2. 穿搭展示 / 技能教程

真人展示商品的使用教程以达到更好的使用效果，并提高用户对商品的感知。

- **穿搭展示：** 适用于男装、女装、男/女鞋、运动户外、箱包配饰等，可延伸至单品搭配、上身效果、真实街拍、商场同款展示等，如图4-3所示。
- **技能教程：** 适用于美妆、食品、生鲜、影音数码等，可延伸至美妆教程、美食教程、拍摄教程、数码教程等，如图4-4所示。

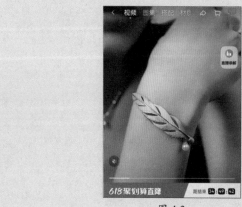

图 4-3　　　　　　　　　　　图 4-4

3. 直播切片

直播切片在全类目都可以应用，主播在直播间试用及介绍商品的片段，添加字幕，可混剪重点片段，可延伸至细节展示、使用感受、使用方法、使用效果等。

▌4.1.2 视频的应用场景

店铺中的视频应用场景可分为以下五种。

- **头图视频**：主图中的视频，重点在于展示商品，如图4-5所示。头图视频可以让购买者快速地了解商品，传播迅速。视频时长建议为15秒，最长不超过1分钟。
- **微详情视频**：这类视频在推荐场景中随机刷新浏览的视频，如图4-6所示。其主要作用是对商品的特点做详细的介绍和展示，内容包括商品的外观、设计特点、材质质感等，以及商品安装、使用方式和注意事项。

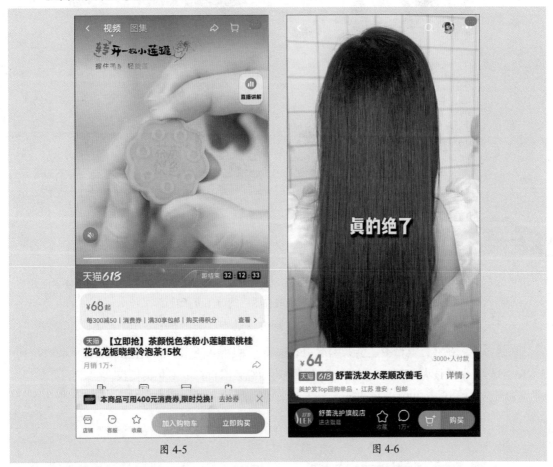

图 4-5　　　　　　　　　　　图 4-6

- **首猜-全屏页短视频**：该类视频在首页上，通过视频的形式来展示店铺产品和品牌形象，可以使用户更加直观地了解店铺的产品与品牌，从而提高转化率。
- **逛逛短视频**：该类视频的发布入口在光合平台，视频容易过审，但转化率低，支持图文和短视频两种形式，如图4-7所示。
- **搜索类视频**：在平台中通过搜索的方式直接找到相关的搜索视频，帮助消费者解决购买需求，如图4-8所示。

图 4-7 　　　　　　　　　　　　　　图 4-8

什么是光合平台

光合平台是淘宝图文、短视频内容生态品牌，服务于参与淘宝生态的创作者、机构媒体、商业客户等人物，可以有效帮助卖家用高质量的内容提高店铺的曝光度和转化率。

除此之外，在部分类目中还会有购后视频选项，如图4-9所示。画幅比例支持3：4、1：1、9：16、16：9，时长为30秒～7分钟。选择并使用的视频需自行取得相关授权。

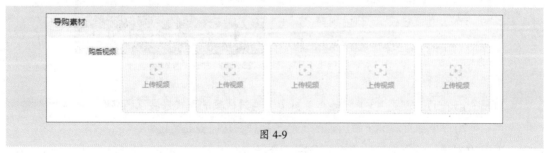

图 4-9

该视频的入口在订单列表及订单详情页面，如图4-10所示。内容部分主要为商品的使用说明，例如使用教程、商品安装过程、保养方法、烹饪食谱等，与商品有关的视频需要有口播讲解或字幕说明，如图4-11所示。

图 4-10

图 4-11

4.2 视频拍摄

了解视频拍摄的要求、拍摄流程以及拍摄技巧，才能游刃有余地拍摄有高转化率的商品视频。

4.2.1 视频拍摄的要求

在拍摄店铺视频时，一定要遵循规定的尺寸、时长等要求。

1. 尺寸

视频的尺寸取决于主图的尺寸，常见的尺寸有1∶1、3∶4和9∶16 3种。目前首页对3∶4和9∶16两种尺寸的视频会给予额外的流量，其中3∶4为热门推荐尺寸。商家可根据自己的需求拍摄和制作视频。

- 1∶1: 800×800像素。
- 3∶4: 750×960像素。
- 9∶16: 720×1280像素。

2. 格式

推荐使用mp4、mov、mkv格式。

3. 时长

视频支持上传时长为5秒～1分钟，建议视频时长为15秒。

4. 其他要求

- 720P高清及以上，大小不超过1.5GB。
- 要有声音且可以听清。
- 前3秒要出现商品全貌，不只是展示某个细节。
- 重点信息在详情安全区内，以720×1280像素为例，高度去掉导航区164像素、内容区+控件区180像素，剩下的高度即为安全区。
- 不能出现闪屏或闪光灯效果。
- 不能是纯图片组成的幻灯片视频。
- 不能有超过1/8的黑边。
- 不能有噪音。
- 不能有二维码、个人信息、站外LOGO及水印。
- 不能涉及国家安全、政治敏感、色情淫秽等内容。

4.2.2 视频拍摄的流程

下面以拍摄主图视频为例，讲解视频的拍摄流程。

1. 准备拍摄脚本

在拍摄视频前，需对商品进行了解，参考同类型的产品视频，然后对拍摄的内容进行脚本编写。下面以鞋为例。

- **整体展示：** 正面+侧面+上脚效果。
- **细节特写：** 鞋子的材质、设计亮点等细节。
- **功能性测评：** 在光滑的地面测试防滑、称重证明鞋子的轻便、按压扭转证实鞋底的柔软度等，如图4-12所示。

图 4-12

2. 环境场景布置

根据编写的拍摄脚本准备道具，布置场景，选择模特等，如图4-13所示。

图 4-13

- **道具：** 根据商品选择相应的道具，若在室内拍摄需要灯光辅助。
- **场景：** 选择和产品契合的场景，没有合适的可以搭配布景和道具。在室内拍摄考虑灯光、背景与布局等；室外选择合适的地点，避免杂乱的场景。
- **模特：** 不同的商品选择不同风格的模特，部分类别的商品不需要模特。

3. 视频拍摄

完成场景的布置便可以根据脚本拍摄视频，如图4-14所示。脚本和场景细节都不是固定的，可以根据实际情况进行调整。

图 4-14

拍摄时的常见手法有以下几种。

- **多角度展示：** 拍摄正面、侧面、背面多角度视图。
- **强调特点：** 展示使用效果、测评等，卖点不宜展示太多，避免模糊特点。
- **细节特写：** 根据卖点进行局部特写拍摄。
- **使用指导：** 使用方法或效果展示。
- **品牌介绍：** 强调本品牌产品的优势。

注意事项 | 视频拍摄器材 |

在拍摄时用到的器材主要有以下两种。
- **相机（微单/单反）：** 全画幅相机，画质更加细腻。与手机相比，在同帧率下慢动作画面不会卡顿。
- **手机：** 使用手机拍摄时，一般会搭配手机稳定器或手机三脚架，预防在拍摄时发生手抖的情况，在拍摄产品局部细节时，可以使用与手机匹配的微距镜头。

4. 后期剪辑

拍摄完成进行后期剪辑，添加背景音效、转场、解说、字幕以及片头片尾等，如图4-15所示。

图 4-15

4.2.3 视频拍摄的运镜技巧

运镜即运动镜头的缩写，指在录制过程中，通过移动镜头拍摄动态景象。在拍摄时使用运镜可以更好地展示环境和空间，通过镜头的切换可以表达产品的特质，也可以形成自己的专属风格。

常用的运镜方式有推、拉、摇、移、跟、固定等。下面以手机拍摄为例进行讲解。

（1）推镜头

推镜头是最常见的一种运镜技巧。慢推镜头可以把观众逐渐带入产品环境中。快推镜头可以给产品画重点，还能营造紧张感和压迫感。在拍摄时，镜头缓慢向主体方向推进，拍摄主体在画面中的比例逐渐变大，如图4-16、图4-17所示。在景别上由远景变为全、中、近景甚至特写，主要作用为突出主体、描写细节、营造视觉冲击等。

图 4-16

图 4-17

（2）拉镜头

拉镜头是在拍摄过程中，镜头逐渐向后拉远并远离主体。拉镜头的景别与推镜头景别相反，主要作用为交代环境、突出现场、增加画面氛围。

（3）摇镜头

摇镜头是在拍摄过程中，手机机位保持不变，借助手机稳定器或三脚架，上下、左右旋转拍摄。其主要作用为描述空间、介绍环境、展示全貌等。横摇适合拍摄大型产品或组合产品，突出产品的氛围感；垂直摇适合拍摄比较高的产品，例如空调、冰箱等。

（4）移镜头

移镜头是在拍摄过程中，镜头沿水平方向按一定轨迹移动拍摄。画面具有一定的流动感，可以打破画面的局限，扩大空间，使人置身于画面中，更有艺术感染力。

（5）跟镜头

跟镜头是在拍摄过程中，镜头跟随运动的主体运动拍摄。其主要作用为突出运动主体，表现全貌以及引导视线等。

（6）固定镜头

固定镜头类似于我们在生活中静止时观察事物的视角。在产品拍摄中，固定镜头主要表现产品的静态环境，以及人与产品之间的互动关系，如图4-18、图4-19所示。

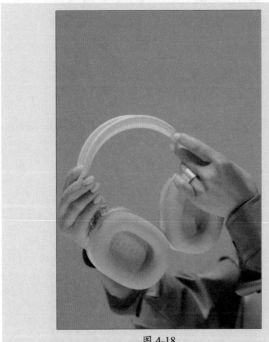

图 4-18

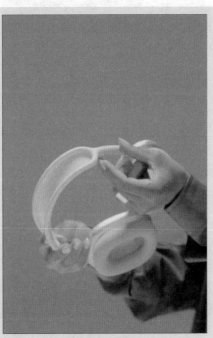

图 4-19

4.2.4　视频拍摄景别的选择

景别是指由于相机与拍摄对象间的距离远近不同，而使画面中拍摄对象的大小发生改变。景别的划分没有明确的界线，一般可以分为远景、全景、中景、近景以及特写。

（1）远景

远景重点在于表现产品的整体感，产品在整个画面中占比较小，一般在展示产品时使用，如图4-20所示。

（2）全景

全景是表现产品全貌或人物全身的画面，淡化了细节，强调此产品的使用状态，适合展示产品的全貌和使用过程，如图4-21所示。

图 4-20   图 4-21

（3）中景

中景展示产品三分之二的比例，主要在展示产品的功能时使用，在一定程度上显示了产品的细节，可以很好地展现产品与环境的关系，能抓住用户的视线，突出画面重点，如图4-22所示。

（4）近景

近景展示产品三分之一的比例，重点展示产品的特征，强化细节。在近景拍摄时，一般会对背景进行虚化处理，如图4-23所示。

图 4-22   图 4-23

（5）特写

特写重点展示产品的细节，细节的表现能体现产品的材质和质量，如图4-24所示。

图 4-24

注意事项 | **拍摄的注意要点** |

拍摄前后和拍摄时需要注意以下几点。

- 根据要发布的平台进行画幅方向的选择。
- 选择好角度后按快门录制，有效避免边拍边调整视角造成画面不稳。
- 在移动过程中，避免大动作造成画面抖动，可借助三脚架、稳定器稳定手机。
- 在视频录制过程中，谨慎选择对焦，不要随便改变焦点，避免视频发生模糊到清晰的缓慢过程。
- 在视频录制过程中，需保持平稳的呼吸，避免收声时出现杂音。
- 录制结束时，需镜头静止3秒左右，避免草率收尾。

4.3 视频剪辑

使用相机或手机拍摄完视频后，将视频导入计算机进行剪辑。剪辑软件在市面上有很多，在功能性上大同小异，按照个人偏好进行选择。本节主要介绍剪映剪辑软件的使用方法。

4.3.1 认识剪辑软件：剪映

剪映分为专业版、移动端以及网页版。剪映可以轻松实现计算机、手机、平板三端草稿互通，随时随地进行剪辑创作。进入剪映官网后根据需要进行下载，如图4-25所示。

图 4-25

打开剪映专业版，单击 ⊞ 开始创作 按钮进入工作界面，显示工具栏、素材区、预览区、细节调整区、常用功能区以及时间线区域，如图4-26所示。

图 4-26

注意事项 | 自动保存剪辑视频 |

在操作过程中无须保存，系统会自动保存。在剪辑草稿中存放操作过的剪辑草稿，单击即可进入编辑界面。单击 批量管理 按钮，可批量删除、备份草稿。

4.3.2 导入视频素材

除了一镜到底的视频，一般需要对多个视频进行剪辑。视频素材的导入可分为以下两步。

1.导入素材区

● 单击"导入"按钮 ● 导入 ，在弹出的"请选择媒体资源"对话框中选择素材，支持f4v、mov、mp4、flv、JPG、PNG等格式的文件。

● 直接将所需素材拖动至素材区，如图4-27所示，释放即可导入，如图4-28所示。

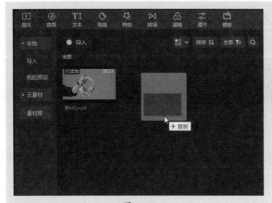

图 4-27

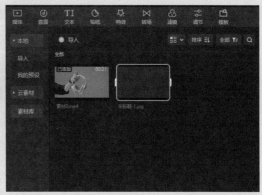

图 4-28

2. 添加至轨道

在素材区中单击素材右下角  按钮，可将素材添加至轨道，如图4-29所示。或直接将素材区的素材直接拖动至轨道，效果如图4-30所示。

图 4-29　　　　　　　　　　　　　　　　图 4-30

也可以手动拖动素材至轨道，如图4-31所示。拖入的视频显示在时间线指针停放的位置，如图4-32所示。

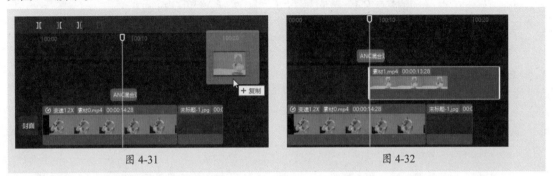

图 4-31　　　　　　　　　　　　　　　　图 4-32

有可能出现视频画面叠加的情况，可手动进行拖动，调整至合适位置，如图4-33所示。

图 4-33

4.3.3　编辑视频素材

将视频添加至轨道后，就可以在常用功能区和时间线区域中编辑视频。常用功能区可以快速对轨道进行分割、删除、定格、裁剪等操作。时间线区域主要分为时间线、时间轴以及各种轨道，如图4-34所示。

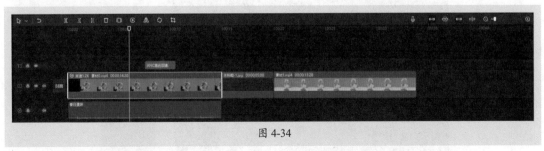

图 4-34

常用功能区按钮的功能介绍如下。

● **选择** ：单击按钮可将鼠标设置为选择 按钮或分割 按钮，当为分割时，单击 按钮，即在当前位置进行分割。

- **撤销/恢复 ⤺ ⤻：**单击 ⤺ 按钮，可撤销操作，单击 ⤻ 按钮，可恢复操作。
- **分割 ⫴：**将时间线移动到合适位置，单击该按钮分割画面，如图4-35所示。

图 4-35

- **向左裁剪 ⫷：**单击该按钮，将时间线指针左侧区域裁剪删除，如图4-36、图4-37所示。

图 4-36   图 4-37

- **向右裁剪 ⫸：**单击该按钮，将时间线指针右侧区域裁剪删除，如图4-38所示。
- **删除 🗑：**选择目标轨道或片段，单击该按钮删除。
- **定格 ▥：**将时间线指针移动到目标位置，单击该按钮，即可在时间线指针后方生成时长为3秒的独立静帧画面，如图4-39所示。

图 4-38   图 4-39

- **倒放 ◁：**单击该按钮，系统自动将素材视频倒放。
- **镜像 ⚠：**单击该按钮，水平翻转视频画面。
- **旋转 ◇：**单击该按钮可旋转90°，在播放器中按住 ◎ 可自由旋转。
- **裁剪 ⊡：**单击该按钮，在弹出界面中拖动裁剪框可自由裁剪。单击 自由 ∧ 按钮，在弹出的菜单中可选择裁剪比例，如图4-40所示。在右下角拖动滑块可调整旋转角度。单击 重置 按钮，可恢复至默认状态。

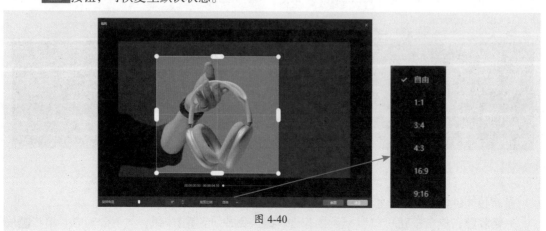

图 4-40

- **录音🎙：** 单击该按钮开启录音，录制完成后自动生成音频。
- **主轨磁吸▪⇥▪：** 单击该按钮关闭主轨磁吸。
- **自动吸附▪：** 单击该按钮，移动视频时相连的视频自动吸附在一起，再次单击该按钮则关闭自动吸附功能。
- **联动▪：** 单击该按钮，字幕跟随视频移动，再次单击该按钮则关闭联动。
- **预览轴▪⊪▪：** 单击该按钮关闭预览轴。
- **时间线缩小/放大：** 单击 ⊖ 按钮时间线缩小；单击 ⊕ 按钮时间线放大。
- **锁定轨道🔒：** 单击该按钮锁定轨道，锁定后无法对其进行任何操作，再次单击取消锁定。
- **隐藏轨道👁：** 单击该按钮隐藏轨道，隐藏后无法对其进行任何操作，再次单击取消隐藏。
- **关闭原声🔊：** 单击该按钮关闭原声，轨道呈静音状态，再次单击取消静音。
- **封面🖼：** 单击该按钮可选择视频帧或本地上传照片。单击 云编辑 按钮可选择模板或文本进行修饰调整。在模板中可选择生活、时尚、影视以及美食等类别的多种封面模板，如图4-41所示。单击即可应用，选中模板中的文字可更改其样式，单击 完成设置 按钮完成调整。

图 4-41

4.3.4　添加背景音乐

背景音乐的添加可以通过单击"音频"按钮🎵，在素材区的左侧选择音乐素材、音效素材、音频提取、抖音收藏以及链接下载5个选项，在右侧的搜索栏中可直接输入歌曲名称或歌手进行快速搜索，如图4-42所示。

- **音乐素材：** 查看并选择抖音、卡点、纯音乐、Vlog、旅行等多种类别的多种音乐，添加至轨道即可应用。
- **音效素材：** 查看并选择综艺、笑声、机械、BGM、人声、转场、游戏等多种类别的多种音效，添加至轨道即可应用。
- **音频提取：** 导入素材视频，将其拖动至时间线区域，即可获取音频轨道。

图 4-42

- **抖音收藏：** 剪映号绑定抖音时，在抖音收藏的音乐在此显示。
- **链接下载：** 粘贴抖音分享的视频、音乐链接，解析完成可将其拖动至时间线区域获取音频轨道。

将音频添加到轨道中，细节调整区显示基本和变速两个选项，可根据需要对该轨道进行细节调整。

（1）基本

勾选"基础"复选框可调整音频音量、淡入淡出时长；勾选"音频降噪"复选框可去除噪音；在变声中可设置萝莉、大叔、合成器、扩音器等多种声线，勾选"声道配置"复选框，可将有声侧声道填充至无声侧，确保双耳音频效果正常，如图4-43所示。

（2）变速

设置音频播放速度，打开"声音变调"开关可调整声音，如图4-44所示。

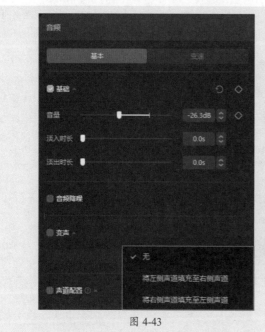
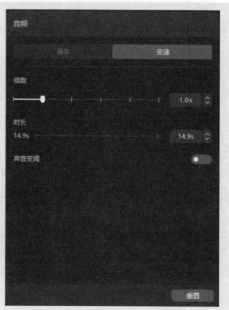

图 4-43   图 4-44

4.3.5 添加视频文案

视频文案的添加可以通过单击"文本"按钮<kbd>TI</kbd>，在素材区的左侧选择新建文本、花字、文字模板、智能字幕、识别歌词以及本地字幕6个选项。

- **新建文本：** 可选择默认文本和存储的预设，添加至轨道即可应用。
- **花字：** 查看并选择发光、彩色渐变、黄色、黑色、蓝色、粉色、红色以及绿色的多种花字模板，添加至轨道即可应用，如图4-45所示。
- **文字模板：** 查看并选择情绪、综艺感、气泡、手写字、简约、互动引导等多种类别的多种文字模板，添加至轨道即可应用，如图4-46所示。
- **智能字幕：** 识别音视频中的人声，自动生成字幕，或输入相应的文稿，自动匹配画面。
- **识别歌词：** 识别音轨中的人声，并自动在时间轴上生成字幕文本。
- **本地字幕：** 导入本地字幕，支持srt、lrc、ass字幕。

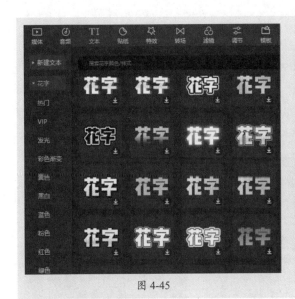

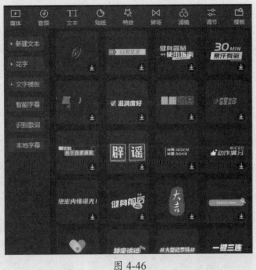

图 4-45   图 4-46

第 4 章 网店视频的拍摄与制作

　　将文字添加到轨道中，细节调整区将显示文本、动画、跟踪以及朗读四个选项，可根据需要对该轨道进行细节调整。

（1）文本

可设置文本的基础、气泡以及花字效果。

- **基础：**输入文本，设置基础参数、排列、位置大小、混合、描边、边框、阴影等类别参数，如图4-47所示。
- **气泡：**设置文字气泡样式，如图4-48所示。
- **花字：**设置花式字体样式。

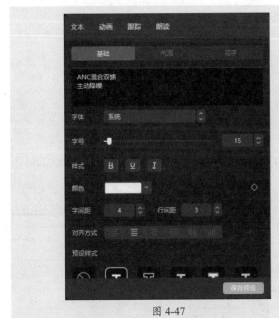

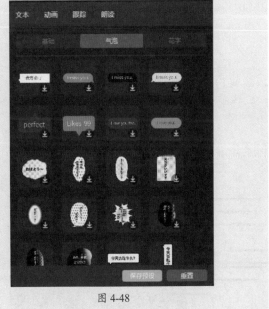

图 4-47   图 4-48

（2）动画

可设置入场、出场以及循环动画效果。

- **入场**：设置文字入场时的动画，例如向上弹入、晕开、闪动、飞入等，单击即可应用，在底部可设置动画时长，如图4-49所示。
- **出场**：设置文字出场时的动画，例如逐字翻转、放大、渐隐、闭幕等，单击即可应用，在底部可设置动画时长，如图4-50所示。
- **循环**：设置文字循环动画，例如弹幕、吹泡泡、故障闪动等，单击即可应用，在底部可设置动画时长，如图4-51所示。

图 4-49　　　　　　　　　　　　图 4-50　　　　　　　　　　　　图 4-51

（3）跟踪

勾选"跟踪"复选框，单击"运动跟踪"按钮开启跟踪模式，可设置跟踪方向，选择性开启缩放与距离效果，如图4-52所示。

（4）朗读

在该选项中可设置朗读音色，例如甜美女孩、小萝莉、萌娃等，单击 开始朗读 按钮，可将文字转换为音频，如图4-53所示。

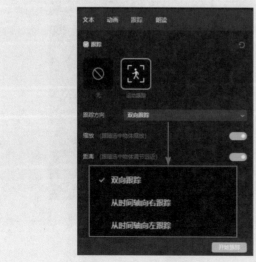 

图 4-52　　　　　　　　　　　　　　　图 4-53

▌4.3.6　添加装饰贴纸

在视频中添加贴纸，可以通过单击"贴纸"按钮⊙，在素材区的左侧选择遮挡、爱心、闪闪、边框、脸部装饰、节气等多种类别的多种贴纸效果，如图4-54所示。添加至轨道即可应用，如图4-55所示。

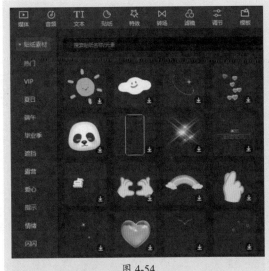

图 4-54

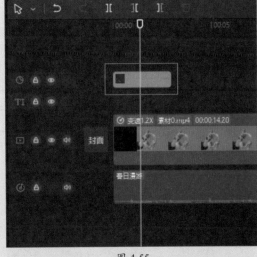

图 4-55

将贴纸添加到轨道中，细节调整区显示贴纸、动画以及跟踪三个选项，可根据需要对该轨道进行细节调整。

（1）贴纸

该选项可设置贴纸的位置与大小，包括缩放、位置、旋转角度以及分布对齐参数，如图4-56所示。

（2）动画

在该选项中可设置入场、出场以及循环动画，如图4-57所示。

（3）跟踪

勾选"跟踪"复选框，单击"运动跟踪"🏃开启跟踪模式。

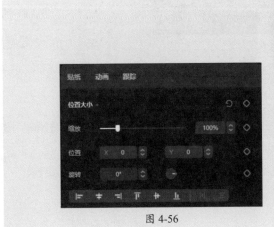

图 4-56

图 4-57

95

4.3.7 为画面和人物添加特效

在视频中添加特效效果，可以通过单击"特效"按钮 ，在素材区的左侧选择画面特效和人物特效两个选项。

（1）画面音效

画面音效用于查看并选择基础、氛围、动感、边框、漫画、暗黑等多种画面特效模板，如图4-58所示，添加至轨道即可应用。

（2）人物音效

人物音效用于查看并选择情绪、头饰、身体、挡脸、手部、形象等多种人物特效模板，如图4-59所示，添加至轨道即可应用。

图 4-58

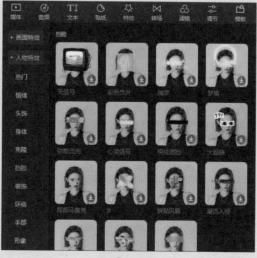
图 4-59

将特效添加到轨道中，在细节调整区中可设置特效的速度，如图4-60所示。

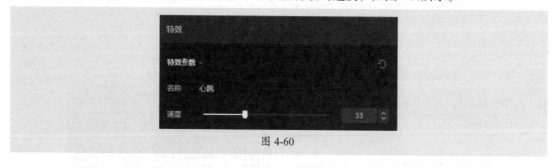
图 4-60

4.3.8 设置画面转场效果

当有两段素材视频时，使用酷炫的转场效果可以秒变技术流。单击"转场"按钮 ，在素材区可查看并选择基础、综艺、运镜、特效、MG、幻灯片以及遮罩转场等类别的多种转场效果，如图4-61所示，添加至轨道即可应用，如图4-62所示。

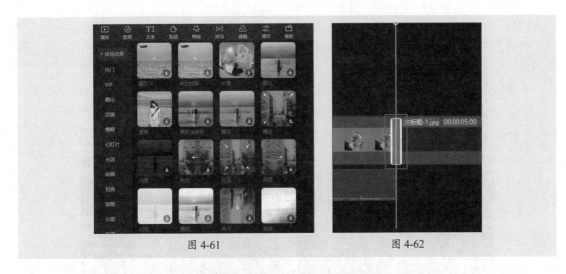

图 4-61   图 4-62

将转场效果添加到轨道中，在细节调整区中可设置转场的时长，如图4-63所示。

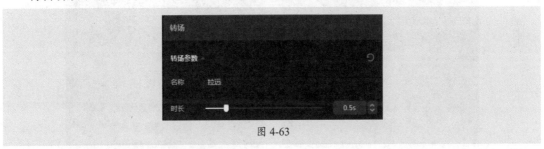

图 4-63

4.3.9 调整画面的颜色

使用滤镜和调节两项功能可以改变画面的色调。

1. 滤镜

单击"滤镜"按钮，在素材区可查看并选择人像、影视级、风景、复古胶片、美食、基础、夜景、露营、室内、黑白以及风格化等类别的多种滤镜效果，添加至轨道即可应用，如图4-64所示。将滤镜效果添加到轨道中，在细节调整区中可设置滤镜的强度，如图4-65所示。

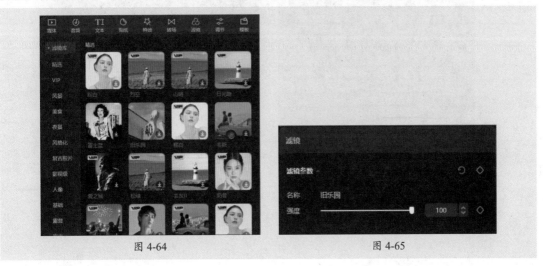

图 4-64   图 4-65

2. 调节

选择视频轨道，在右侧细节调整区选择调节选项，可以调节基础、HSL、曲线以及色轮参数。

- **基础：** 勾选LUT复选框，可对肤色进行设置，启用调节可设置视频的色彩、明度以及效果，如图4-66所示。
- **HSL：** 单击HSL中可设置8种颜色的色相、饱和度以及亮度，如图4-67所示。

图 4-66　　　　　　　　　　　　图 4-67

- **曲线：** 可在亮度、红色通道、绿色通道以及蓝色通道中调整曲线参数，如图4-68所示。
- **色轮：** 可选择一级色轮或Log色轮，设置强度，拖动暗部、中灰、亮部以及偏移色轮调整显示，如图4-69所示。

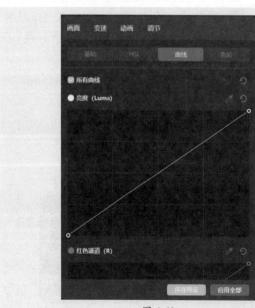

图 4-68　　　　　　　　　　　　图 4-69

在细节调整区中设计参数后，单击"保存预设"按钮[保存预设]保存，单击"调节"按钮[⊹]，在素材区单击预设，可快速应用。图4-70、图4-71所示为应用前后效果。

图 4-70

图 4-71

4.3.10 快速生成特效大片

单击"模板"按钮[🖼]，在素材区的左侧可以选择模板和素材包两个选项。

1. 模板

在"模板"选项中可查看并选择风格大片、宣传、vlog、纪念日、游戏等多种模板，如图4-72所示，选择任意一个模板添加至轨道，如图4-73所示。

图 4-72

图 4-73

单击"替换素材"按钮可添加本地或素材区的素材，在细节调整区更改文字和音频参数，在预览区中可快速拖动查看应用效果，单击"完成"按钮[完成]，应用模板效果，如图4-74所示。

图 4-74

2. 素材包

在"素材包"选项中可查看并选择情绪、互动引导、片头、片尾、带货等多种素材包，如图4-75所示，选择任意一个素材包添加至轨道，选择素材包，右击，在弹出的快捷菜单中选择"解除素材包"选项，如图4-76所示。

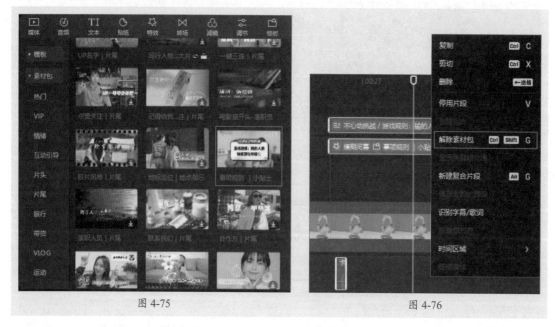

图 4-75　　　　　　　　　　　　　　　　　　图 4-76

选择文字轨道，在细节调整区中可更改文字内容，如图4-77所示。

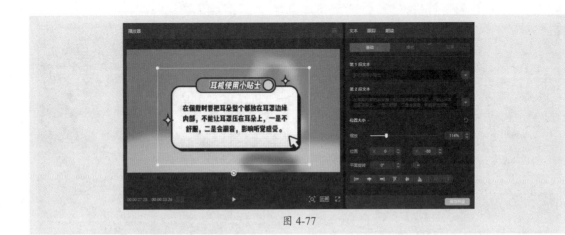

图 4-77

4.3.11 抠取视频主体物

选择视频轨道,在细节调整区中选择"抠像"选项,可选择"色度抠图""自定义抠像"以及"智能抠像"。

1. 色度抠图

勾选"色度抠图"复选框,使用取色器取样颜色,调整强度和阴影进行抠图,如图4-78所示。

图 4-78

2. 自定义抠像

勾选"自定义抠像"复选框,单击"智能画笔"按钮后调整画笔的大小,如图4-79所示。

图 4-79

在需要保留的区域内进行涂抹,单击"应用效果"按钮应用自定义抠像,图4-80、图4-81所示为应用前后的效果。

图 4-80   图 4-81

继续使用"智能橡皮" ✐ 和"橡皮擦" ✐ 工具调整抠除的区域。图4-82所示为去除背景幕布的效果。

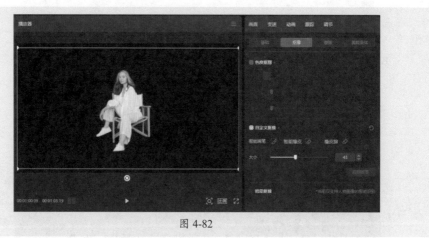

图 4-82

3. 智能抠像

勾选"智能抠像"复选框，系统自动识别并抠取人像，添加背景素材，调整图层顺序和显示区域，如图4-83所示。

图 4-83

4.3.12　为视频添加蒙版

选择视频轨道，在细节调整区中选择"蒙版"选项，可添加线性、镜面、圆形、矩形、爱心以及星形蒙版效果。下面以镜面蒙版为例进行讲解。

选择镜面蒙版，在预览区中设置蒙版的位置，在细节调整区中设置羽化参数，如图4-84所示。

图 4-84

4.3.13　为视频中的人物美颜美体

选择视频轨道，在细节调整区中选择"美颜美体"选项，可对美颜、美型、手动瘦脸、美妆以及美体效果进行调整。

- **美颜**：勾选该复选框，可设置磨皮、祛法令纹、祛黑眼圈、美白、白牙、肤色等参数，如图4-85所示。
- **美型**：勾选该复选框，可对面部、眼部、鼻子、嘴巴以及眉毛的参数进行调整，如图4-86所示。
- **手动瘦脸**：勾选该复选框，选择画笔，设置大小和强度，如图4-87所示，拖动可进行瘦脸。

图 4-85

图 4-86

图 4-87

- **美妆：** 勾选该复选框，可选择套装、口红、睫毛以及眼影美妆模板，单击即可应用，如图4-88所示。

图 4-88

- **美体：** 勾选该复选框，以设置瘦身、瘦手臂、长腿、磨皮、美白等参数，单击即可应用，如图4-89所示。

图 4-89

4.3.14 导出视频

视频剪辑完成，单击右上角"导出"按钮 ，弹出导出界面，可设置作品名称、导出路径以及视频导出等参数，设置完成后单击"导出"按钮 ，如图4-90所示。

导出界面中视频导出选项功能介绍如下。

- **分辨率：** 代表了图像所包含像素的多少，单位为PPI。以720P为例，P指的是逐行扫描，画面分辨率为1280×720像素。
- **码率：** 编码器每秒编出的数据大小，单位kb/s。在该选项中选择推荐即可。
- **编码：** 通过特定的压缩技术，将某个视频格式转换成另一种视频格式方式。在该选项中可选择H.264和HEVC。

- **格式**：设置视频导出的文件格式，有mp4、mov两种。
- **帧率**：即FPS（每秒有多少帧的画面），帧率越高，画面越流畅，越低则越卡顿。

图 4-90

注意事项 | **剪辑视频需要注意的问题**

在剪辑视频时需要注意以下方面。

- 确定剪辑思路，明确视频传达的主题和态度。
- 规避敏感信息。
- 使用无版权图片、视频、音频，避免侵权。
- 配乐需要和视频内容贴合，有歌词或旁白的内容可以添加字幕。
- 合理使用特效，过度使用特效会忽略视频自身的内容。
- 短视频的标题和封面与视频内容同等重要。

4.4 视频上传

视频导出后可以上传至后台的视频空间，还可以在发布宝贝时直接上传视频。

4.4.1 视频上传至后台

进入千牛卖家中心，选择"商品"|"商品管理"|"视频空间"选项，进入视频空间选项界面，单击"上传文件"按钮，在弹出的"视频上传"对话框中可拖动或单击"上传"按钮上传视频，如图4-91所示。

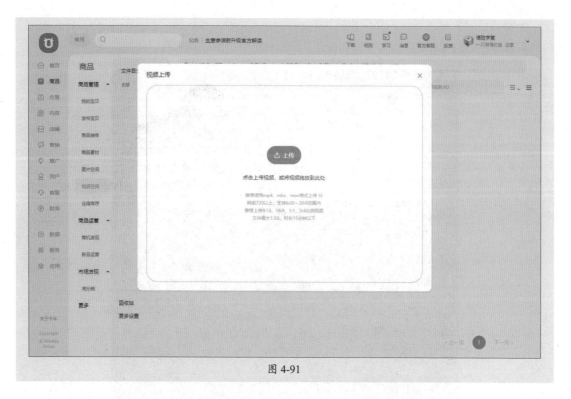

图 4-91

上传完成的视频界面会显示"审核中"的提示信息，如图4-92所示，1个工作日之内会审核
完成。

图 4-92

4.4.2 视频的发布

在"商品管理"选项中选择发布宝贝，进入"商品发布"界面，设置发布类目，单击"下
一步"按钮发布商品，在打开的界面中选择"图文描述"选项，在界面右侧可选择主图视频比
例，以及上传主图和微详情视频，如图4-93所示。

图 4-93

若选择1：1主图视频比例，单击 按钮，上传视频后，若上传的视频尺寸不符合要求，在上传的视频缩览图中会显示尺寸不符合要求的提示信息，如何4-94所示。

图 4-94

单击"上传视频"按钮 ，在弹出的对话框中上传视频，系统自动生成视频封面，在文本框中输入10～1000字的内容，单击"立即发布"按钮，完成视频的上传，如图4-95所示。

图 4-95

在部分类目中增加了导购素材，单击 按钮可上传导购视频，如图4-96所示。

图 4-96

案例实战：主图视频的剪辑

本案例对烘焙筛网的主图视频进行剪辑，包括尺寸的设置、文案字幕的转换、背景音乐的添加、封面的设置等。下面介绍具体的处理方法。

步骤 01 打开剪映，单击 ➕ 开始创作 按钮开始创作，进入工作界面，导入素材并添加至轨道，在预览区中设置比例为16：9，如图4-97所示。

图 4-97

步骤 02 在工具栏中选择"滤镜"按钮 ，在素材区应用基础下的"净白"滤镜，添加至轨道后调整长度，在细节调整区中调整滤镜强度为50，如图4-98所示。

图 4-98

步骤 03 选择视频，在细节调整区中勾选"视频防抖"复选框，调整防抖等级为"最稳定"，如图4-99所示。

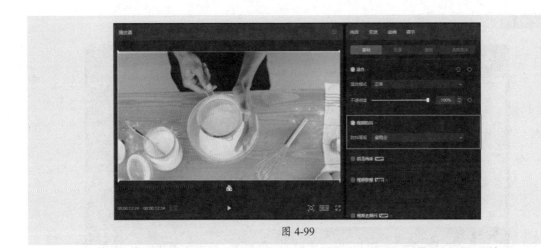

图 4-99

步骤 04 单击"模板"按钮 🖼，在素材区选择"模板"|"片头片尾"|"幼儿园午饭时间"到片头，添加至轨道，如图4-100所示。

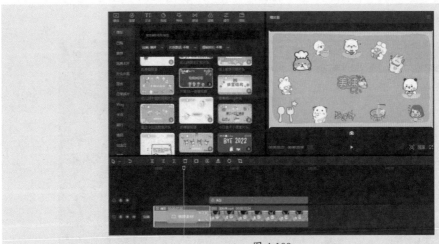

图 4-100

步骤 05 单击"替换素材"按钮，删除部分素材，如图4-101所示。

图 4-101

步骤 06 更改文字内容，如图4-102所示。

图 4-102

步骤 07 复制文字轨道并更改文字内容和参数，如图4-103所示。

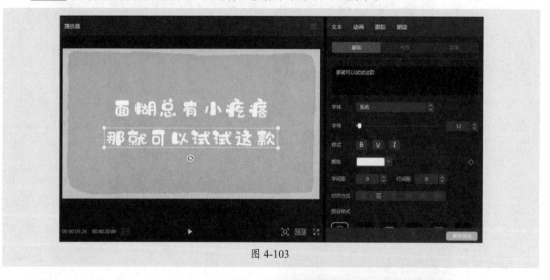

图 4-103

步骤 08 分别选择两个文字轨道，在细节调整区中选择"朗读"|"小萝莉"，生成朗读，如图4-104所示。

步骤 09 调整音频轨道位置，将多余的素材进行分割并删除，如图4-105所示。

图 4-104

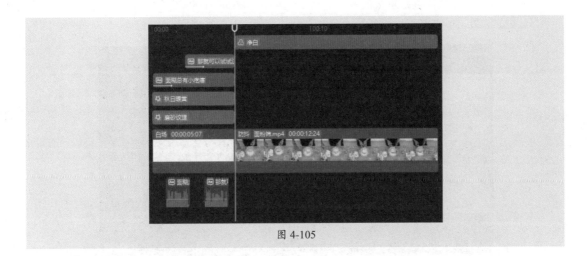

图 4-105

步骤10 选择贴纸 ，搜索烘焙，将选中的素材添加至轨道，调整大小后移动至左下角，在细节调整区中设置循环（雨刷 4.8秒），如图4-106所示。

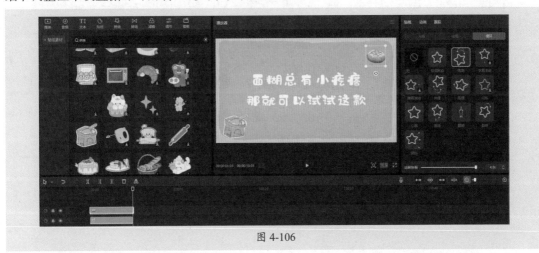

图 4-106

步骤11 继续选择贴纸，添加至轨道，移动至右上角并设置参数，如图4-107所示。

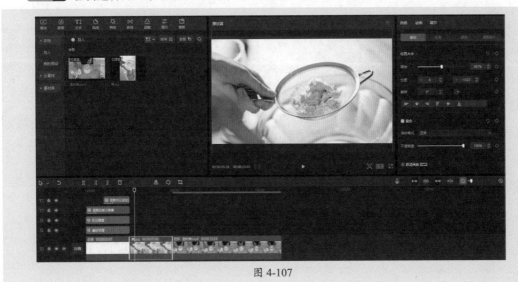

图 4-107

步骤 12 复制文字轨道并更改文字内容和参数，如图4-108所示。

图 4-108

步骤 13 生成朗读音频，分割并删除部分素材时长，如图4-109所示。

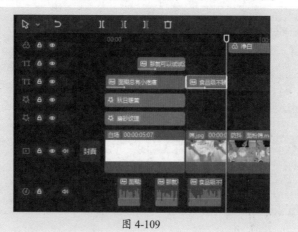

图 4-109

步骤 14 复制文字轨道并更改文字内容和参数，生成朗读音频，在部分14秒处进行分割，如图4-110所示。

图 4-110

步骤15 选择箭头贴纸，单击"镜像"按钮⚬，调整位置和显示时长，如图4-111所示。

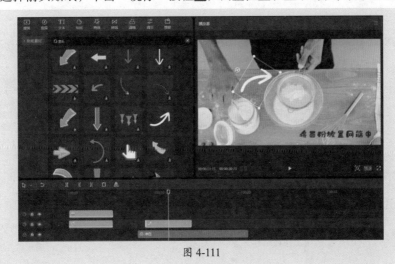

图 4-111

步骤16 选择箭头贴纸轨道，设置动画，调整贴纸显示时长，复制一个放在第二次倒面粉的位置，如图4-112所示。

图 4-112

步骤17 分别复制文字轨道并更改文字内容和参数，各自生成朗读音频，如图4-113所示。

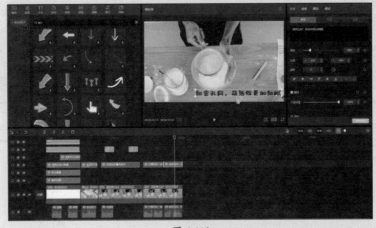

图 4-113

步骤18 单击"音频"按钮 🎵，添加音乐至轨道，在细节调整区中设置音量，拖动调整音频轨道时长，如图4-114所示。

图 4-114

步骤19 单击"转场"按钮 🔀，选择"运镜"|"推近"，添加至轨道，在细节调整区中设置转场时长，如图4-115所示。

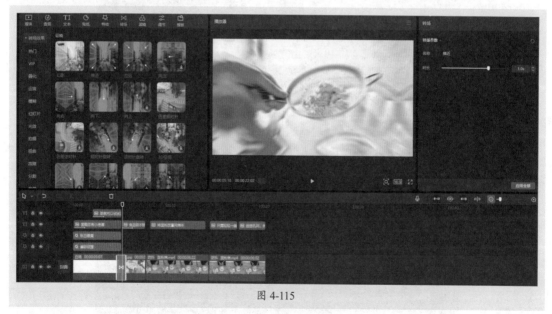

图 4-115

步骤20 选择"拍摄"|"抽象前景"，添加至轨道，在细节调整区中设置转场时长，如图4-116所示。

步骤21 单击"封面"按钮 封面，在弹出的对话框中设置封面，如图4-117所示。

步骤22 完成设置后导出，如图4-118所示。

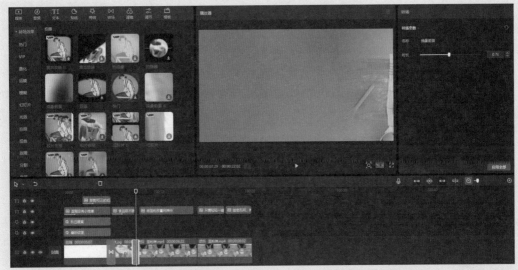

图 4-116

图 4-117

图 4-118

1. Q: 主图视频和微详情视频是一样的吗?

A: 微详情可以自动抓取商家的主图视频/图片进行展示,也可为微详情定向上传两个新商品视频,如图4-119、图4-120所示,审核通过就有冷启动流量。上传的两个视频要和主图的视频内容相互去重,但尺寸要一致,并且不能有不良信息、黑边、站外片头、幻灯片和水印。

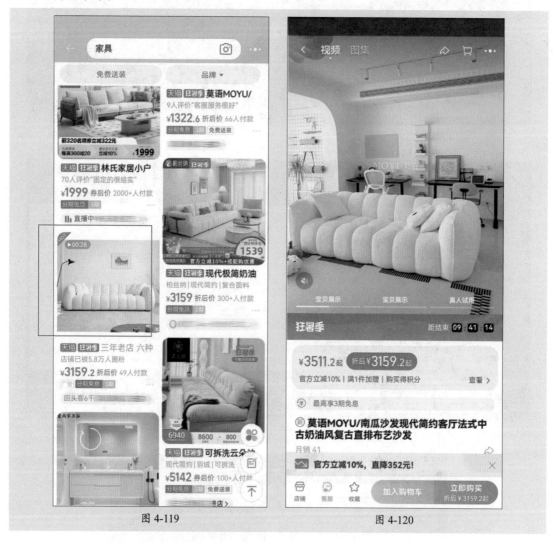

图 4-119   图 4-120

2. Q: 商品拍摄有哪些需要注意的细节?

A: 在拍摄视频时,要注意画面的清晰度,在上传前要控制视频的大小,可以进行压缩。没有详细说明的视频,可以只搭配一些轻音乐和音效;在功能类产品摄像时,可以展示产品的功能以及产品的卖点,便于消费者更好地了解。

3. Q: 除了剪映,还有哪些常用的视频剪辑软件?

A: 视频剪辑软件可根据自己的操作习惯进行选择。除了剪映,市面上常用的视频软件还有爱剪辑、会声会影、快剪辑、万兴喵影等,更加专业的有Adobe Premiere Pro。

网店美工与视觉设计标准教程（全彩微课版）

第5章
店铺营销推广图的设计

店铺中主图设计影响着店铺的点击率，直通车则是网店最常使用的营销工具，通过搜索页的优先显示，可以让有意向的买家进入店铺了解详情，从而提高店铺的点击率，提升商品的成交量，这些都离不开优秀的主图设计。

5.1 主图设计

宝贝主图是店铺的流量入口，在主图的设计上需要充分体现卖点、促销、价格、赠品和售后等相关信息，吸引买家点击并了解详情的兴趣。

5.1.1 主图的显示位置

宝贝主图有首图和副图之分。主图可以提高曝光和点击率，通常显示在搜索页、店内详情页以及全部宝贝页中，如图5-1、图5-2所示。副图则在进入店内详情页中，通过滑动进行查看，副图的设计可以提高点击转化率，如图5-3所示。

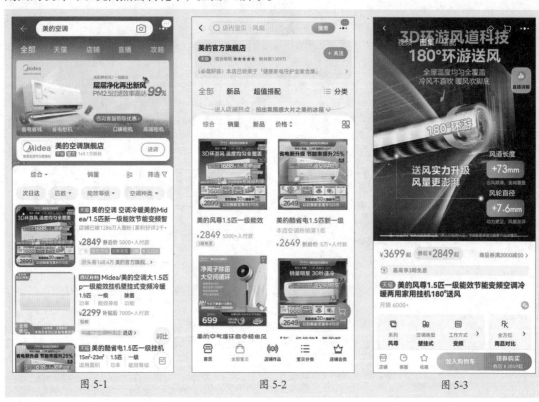

图 5-1　　　　　　　　图 5-2　　　　　　　　图 5-3

5.1.2 主图的设计尺寸

宝贝主图最少可以放置5张图和3个视频，确定主图视频比例后，上传相对应的主图图片，如图5-4所示。

主图的尺寸一般分为两种，一种是1：1的正主图，尺寸为800×800像素，如图5-5所示。一种是配合主图视频的3：4竖图，尺寸为750×1000像素，如

图 5-4

图5-6所示。相对于1：1的比例，主图使用竖版的3：4比例更能增加曝光率。

图 5-5   图 5-6

5.1.3 主图的文案选择

主图中的文案和商品同样重要，有诱惑力的文案可以凸显商品优势，获得高流量。主图中的文案主要有以下几种类型。

1. 商品卖点

商品卖点要精练表达，避免无价值信息。在提取商品卖点时，第一步需要了解该商品的材料、质量、性能等基础信息。第二步需要了解该产品消费人群的特点、关注点和需求点。最后分析同行的卖点。若有多个卖点，需确定主卖点，其他作为延伸卖点，要做到主次分明，如图5-7、图5-8所示。文案不可夸大、过度或虚假承诺商品效果及程度，例如使用国家级、最高级等极限词语。

图 5-7   图 5-8

2. 优惠促销

在主图中可以适当加入营销文案，标明商品优惠额度、赠品以及折扣，如图5-9、图5-10所示。

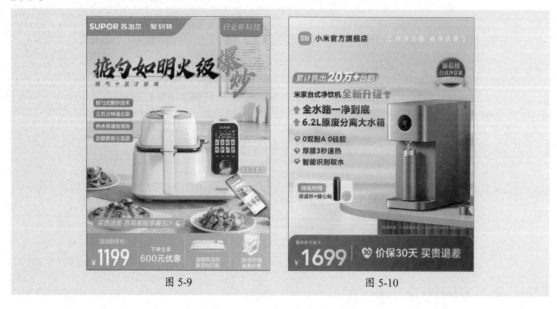

图 5-9　　　　　　　　　　　图 5-10

3. 限时抢购

利用限时抢购的倒计时，为买家营造危机感，可以快速下单速度，如图5-11、图5-12所示。

图 5-11　　　　　　　　　　　图 5-12

5.1.4　主图顺序的逻辑参考

主图是店铺的门面，高品质、产品主体清晰是最基本的要求，五张主图的逻辑思维和顺序也很重要，下面介绍主图的内容以及排序逻辑。

> **注意事项** ┃ 主图排序 ┃
>
> 主图排列顺序不是固定的，可根据产品特性以及营销策略排列。

1. 核心主图（卖点可视化）

第一张图直接影响商品的点击率，需要突出商品核心卖点，描述宝贝卖点需言简意赅，符合实际功能。第一张图可以直接放置商品图片，简洁大方，突出商品主体，也可以在图片上体现满赠、满减、会员福利等信息，如图5-13、图5-14所示。

图 5-13　　　　　　　　　　　图 5-14

2. 商品特性（利益前置化）

第二张图可以是卖点延伸图，让消费者在最短的时间内了解商品的特性、设计亮点，解决痛点并吸引更多的消费者，如图5-15所示。大促等场景下，可以放优惠福利信息，如图5-16所示。若是系列、礼包类商品，可以是不同系列或礼包的详情图。

图 5-15　　　　　　　　　　　图 5-16

3. 细节展示（卖点场景化）

第三张图可以从各个角度展示商品细节，例如成分、材质、颜色等，也可以是商品特性的补充说明，让消费者有代入感，产生情感上的共鸣，帮助消费者解决实际问题，如图5-17、图5-18所示。

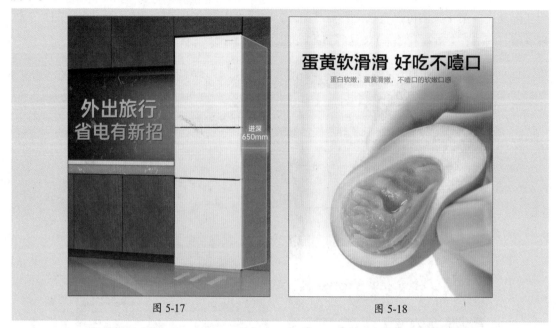

图 5-17　　　　　　　　　　　　　　　图 5-18

4. 场景氛围图（卖点场景化）

第四张图可以是首图的补充说明，如图5-19所示。也可以是产品的类别与特点描述图或使用场景图，如图5-20所示。

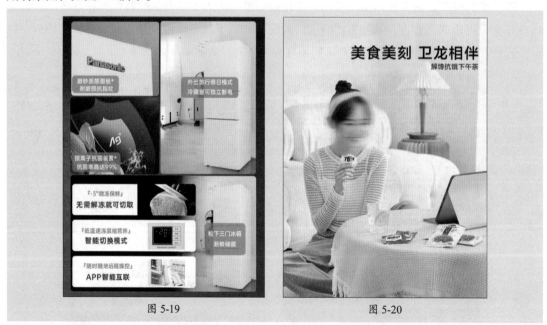

图 5-19　　　　　　　　　　　　　　　图 5-20

5. 商品详情图 / 白底图（打消顾虑）

最后一张图可以是商品的参数图，可以放品牌背书、店铺承诺（七天无理由退货）、食品标签等，依次打消消费者顾虑，如图5-21、图5-22所示。也可以放商品的白底图，增加首页曝光机会。

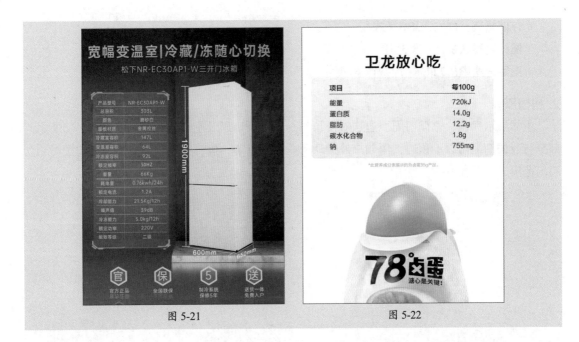

| 图 5-21 | 图 5-22 |

除了以上的布局规划，5张主图也可以为商品不同角度的细节图，或是同系列不同颜色的产品图，如图5-23所示。

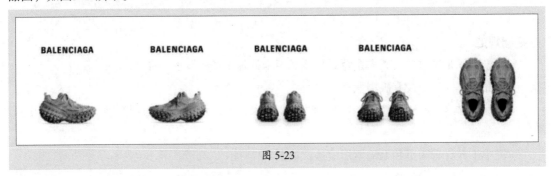

图 5-23

5.1.5　白底图在主图中的应用

部分类目中的主图强制要求第五张使用白底图，如图5-24所示。

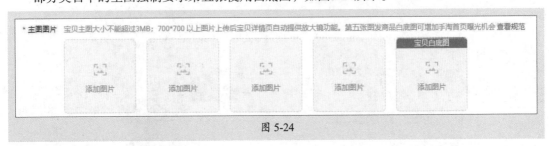

图 5-24

在发布白底图时需要注意以下几点。

1.图片规范

- **白色背景**：数值为#ffffff。
- **图片大小**：800×800像素。

- **存储格式:** PNG或JPG格式。
- **图片容量大小:** 小于3MB。
- **图片分辨率:** 72dpi,即72像素/英寸。

2. 构图原则

主体展示完整,遵循四周顶边、对角顶边、上下顶边以及左右顶边原则,如图5-25所示。部分行业的商品可以不顶边,例如户外运动行业中的鱼竿、鱼饵等细长型商品。在构图时切勿超出范围、构图过小或重心偏移。

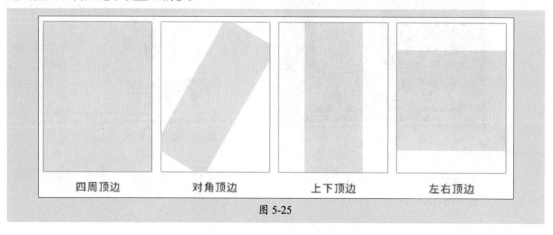

图 5-25

3. 基础规范

- 背景必须是纯白色,无多余背景、线条等未处理干净的元素,如图5-26所示。
- 商品主体完整,没有破损瑕疵。
- 商品主体需要识别度高,若主体颜色太浅或太深,可以添加内阴影效果,与背景进行区分。
- 图中不允许有阴影和毛糙抠图痕迹,如图5-27所示。

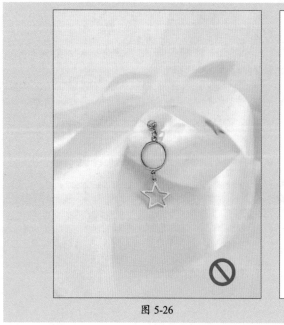

图 5-26

图 5-27

- 图中不允许有拼合而成的商品图，不可出现人体部位。
- 图中不允许出现模特，必须是拍平铺或者挂拍，不可以出现吊牌、衣架等，如图5-28所示。
- 图中不允许出现多个主体，如图5-29所示。套装除外，套装不可超过5个。
- 图中不允许出现文字、LOGO、水印等。
- 严禁出现色情、暴力、政治敏感、宗教类商品素材，包含商品自身、图案以及形状。

图 5-28

图 5-29

4. 特殊商品规范

- **细长类商品**：餐饮类、小家电、户外运动等细长类商品可以出现多个主体，排成列，或倾斜不顶边摆放，不得出现手、脚等部位。图5-30所示为电动牙刷头白底图。
- **服装类**：运动套装三件套或者瑜伽套装等套装可以多个主体一张图。套装袜子可以单色单只，不得出现拼色以及吊牌，如图5-31所示。

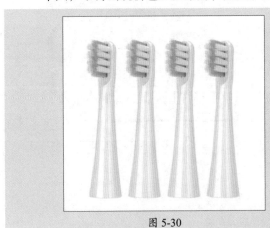

图 5-30

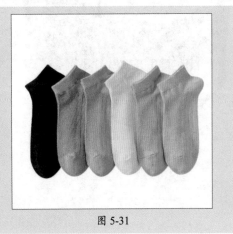

图 5-31

- **家装类**：全部定制类可进行拆分摆放；装修设计、施工等颜色不要太白或过淡；家装主材允许用平面商品；壁纸等细长类的商品可以多个排列；基础建材、电子电工允许商品套装，图5-32所示为多块瓷砖样式排列。

- **企业服务：** 电子词典、纸质书、文化用品允许出现多种颜色的笔类、细长的商品以及组合商品，图5-33所示为中性笔排列效果。

图 5-32

图 5-33

- **二次元：** 允许使用模特图和动画商品图。
- **宠物类：** 允许宠物出现，如图5-34所示。
- **美妆类：** 需要正面拍摄，不要有角度或俯视图；纸品湿巾中的卷纸需要有包装，如图5-35所示，只有产品质地图，看不到商品全部外包装的不符合要求。

图 5-34

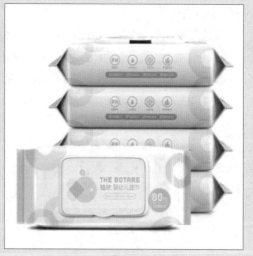

图 5-35

知识链接

透明图的应用与要求

在营销活动中还需要上传透明素材图，图片尺寸不小于800×800像素，大小不超过500KB。主体在拍摄时不要变形，边缘要处理干净，上下、左右顶边或居中撑满整个界面。其他注意事项参考白底图的基础规范以及特殊商品规范详情。

5.2 直通车图的设计

直通车是为淘宝和天猫卖家量身定制的，是按点击付费的营销推广工具，卖家搜索关键词展现匹配宝贝的推广方式，能做到精准投放。

5.2.1 如何开启直通车推广

进入千牛卖家中心，选择"推广"|"直通车"选项，进入直通车选项界面，如图5-36所示。

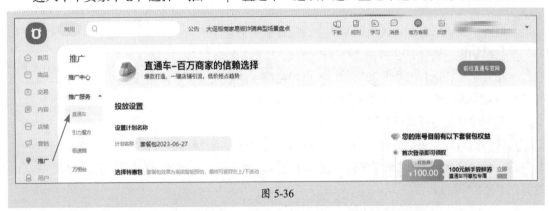

图 5-36

单击"前往直通车"按钮 前往直通车官网 ，进入阿里妈妈直通车推广后台，如图5-37所示。

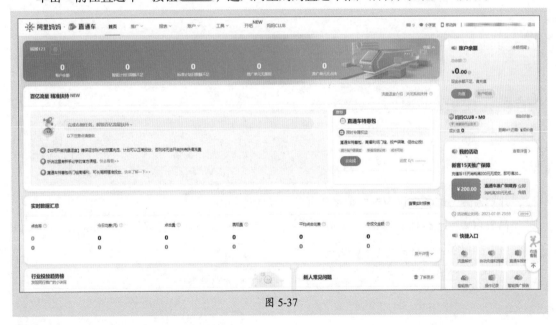

图 5-37

5.2.2 直通车的推广方式

直通车的推广方式有以下两种。

1. 智能推广

智能推广方法比较简单，只需进行简单的计划设置，即可进行推广，系统根据选择的宝贝或者趋势词包，智能匹配高品质流量，适合无经验的新手。

在"营销目标选择"中可以选择营销目标，默认选择"日常销售"，如图5-38所示。

图 5-38

- **好货快投**：适合全店优质商品集中投放，提高销量。
- **日常销售**：适合自选商品进行智能投放，以提升转化目标。
- **趋势明星**：适合换季时间使用，可以智能挖掘流量洼地，低价引流。
- **活动引流**：适合活动期间使用，快速获得流量。
- **均匀爆款**：适合新品测试用。

选择营销目标后可以在单元设置中添加宝贝，设置日限额与出价设置后，需要对投放的计划名称、投放位置/地域/时间等进行设置，还可以添加自选词，系统会根据宝贝情况匹配合适的流量，如图5-39所示。

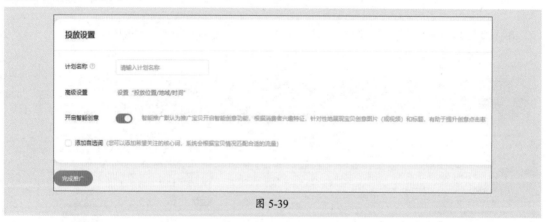

图 5-39

- **计划名称**：此名称仅为方便记忆及区分不同的计划。
- **高级设置——投放位置**：投放位置的设置，每种渠道都有各自的特点，可根据自身类目的流量情况决定投放位置，如图5-40所示。

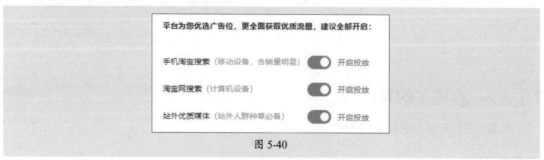

图 5-40

- **高级设置——地域位置**：不同的买家由于各自地域的季节、习性、人口密度的不同，在不同地区的购买偏好也不一样，在直通车后台用工具进行流量解析，根据自身的需求调整投放地域。可按照当前设置投放，完全自定义选择，也可以选择模板，如图5-41所示。

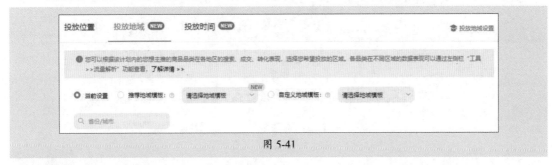

图 5-41

注意事项 | 存储预设模板 |

预设模板设置完成后，可单击"另存为模板"按钮将其保存为模板，方便下次使用。

● **高级设置——投放时间**：根据店铺的访客情况，参考多日的均值，设置不同的投放时间折扣，针对不同时段分别出价，获得更多优质流量。常规分时折扣建议0～9点为60%，10～18点为90%，19～24点为100%。尽量保证能够投放一整天，另外确保每天都在投放；如果遇到大促或者聚划算，可以把0点和10点左右的分时折扣调高，获取更多流量时间折扣为每30分钟一个折扣，按照百分比设置，支持范围是30%～250%，图5-42所示为电玩/配件/游戏攻略的高转化时段模板。

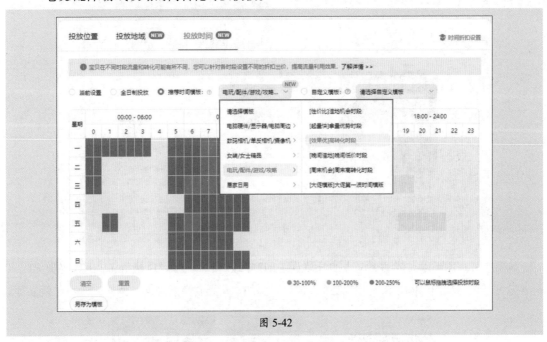

图 5-42

2. 标准推广

标准推广是完全自定义的推广方式，通过自主选择关键词，精选人群，进行创意投放，同时系统也会提供推荐方案，实现投放效率的优化。

（1）关键词设置

直通车的关键词等于买家的购买意图，也是推广词。一级意图是类目词、行业大词、搜索量最大的词，例如耳机，如图5-43所示。

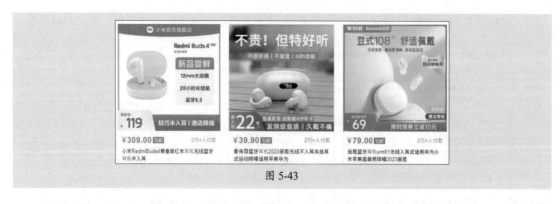

图 5-43

二级意图增加了产品特点，更能表达购物意愿，例如蓝牙耳机，如图5-44所示。

图 5-44

三级购买意图增加了更多对于产品的要求，例如无线蓝牙耳机，如图5-45所示。

图 5-45

N级购买意图可以具体到更深入的长尾词（即产品名称+属性词+风格等），例如降噪无线入耳式蓝牙耳机，如图5-46所示。除此之外，也可以添加一些无属性意义词，例如，2023、新款等。

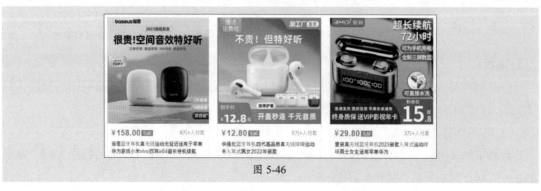

图 5-46

（2）人群设置

人群是人的合集，通过各种不同的标签可识别具体的消费者。直通车后台的人群，是按照宝贝定向人群、店铺定向人群、行业定向人群、基础属性人群、达摩盘人群来做拆解和分类。

- **宝贝定向人群**：喜欢新品和相似宝贝的人群。
- **店铺定向人群**：长期购买、加购、浏览同类型店铺的人群。
- **行业定向人群**：行业的偏好人群、行业优质人群以及跨类目的新人群。
- **基础属性人群**：自定义人群，包括人口属性人群、身份属性人群、天气属性人群、淘宝属性人群以及节日属性人群。
- **达摩盘人群**：开通达摩盘后，可以精准地圈定自己所需要的人群，然后应用到直通车上。

5.2.3 直通车图的显示位置

直通车的使用可以给卖家带来更多有购买意向的卖家，大大提高商品的曝光率，增加商品的点击率，提升商品的转化率。使用直通车推广，在PC端宝贝会出现在搜索页的右侧，左下角显示"掌柜热卖"，通常有1～3个展示位，如图5-47所示。

图 5-47

页面底部的"掌柜热卖"标签中也会显示直通车图，如图5-48所示。

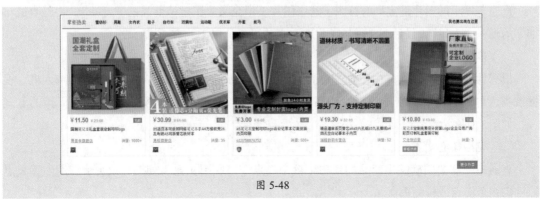

图 5-48

手机端的宝贝在搜索结果页与所有商品混排，左上角显示HOT标识的是直通车推广商品，如图5-49、图5-50所示。

图 5-49　　　　　　　　　　　　　　　　图 5-50

直通车站外投放

除了以上的显示位置，还可以选择投放在淘系外引流，可以接触到更多淘系外的潜在意向人群，站内站外联动，多渠道曝光，可以获得更多的流量。

5.2.4　直通车图的设计要点

直通车显示的图片是宝贝的首图，这张图片不但是买家了解该商品的"开始"，也是直通车推广的唯一"入口"，设计时必须给予足够重视，可以从以下几方面进行设计。

（1）确定商品定位

根据计划确定商品推广的位置，对周边商品进行分析，确定商品推广针对的消费人群，根据该类人群的喜好、消费能力以及生活习惯等因素，确定设计的风格、颜色以及促销的方式等，如图5-51所示。

（2）突出核心卖点

直通车图需要明确突出商品的1、2个核心卖点，以吸引买家，如图5-52所示。切勿无重点地堆砌多个卖点或模糊重点。

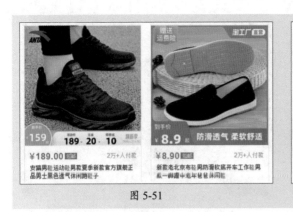

图 5-51

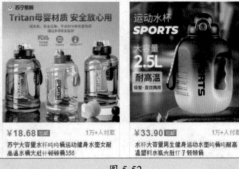

图 5-52

（3）视觉差异化

从创意拍摄、构图、文案、色彩搭配等方面进行差异化处理，可以在同类图中脱颖而出，以此提高点击率，如图5-53所示。

图 5-53

注意事项 | **直通车前期测图** |

直通车推广前期有一个很重要的功能——测图。测图的成功与否直接影响产品点击率的高低，而点击率的高低直接影响质量分，从而影响点击扣费。通常会选择高于行业点击率1.2倍的图，若低于平均点击率，建议换图。

案例实战：制作耳机直通车主图

本案例将对蓝牙耳机的直通车主图进行设计，包括主体的抠取、尺寸的调整、文字的添加、图形的绘制等。下面介绍具体的处理方法。

步骤 01 将素材文件拖放至Photoshop中，如图5-54所示。

步骤 02 使用"钢笔工具"沿边缘绘制闭合路径，按Ctrl+Enter键创建选区，如图5-55所示。

步骤 03 按Ctrl+J组合键复制选区，隐藏背景图层，如图5-56所示。

步骤 04 放大图像，选择"污点修复画笔工具"，设置画笔大小为8像素，在有瑕疵的地方单击，如图5-57所示。

图 5-54

图 5-55

图 5-56

图 5-57

步骤 05 去除主体上所有的瑕疵白点，如图5-58所示。

步骤 06 选择"裁剪工具"，设置裁剪比例为"800×800像素"，调整裁剪范围，如图5-59所示。

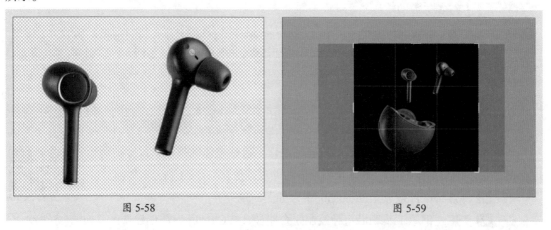

图 5-58

图 5-59

步骤 07 按Enter键完成裁剪，如图5-60所示。

步骤 08 设置前景色（R：49、G：57、B：65），新建透明图层，调整图层顺序，使用"油漆桶工具"填充颜色，如图5-61所示。

步骤 09 选择"矩形工具"，在"创建矩形"对话框中设置参数，如图5-62所示。

步骤 10 调整矩形位置，使其居中对齐，按Ctrl+'键显示网格，如图5-63所示。

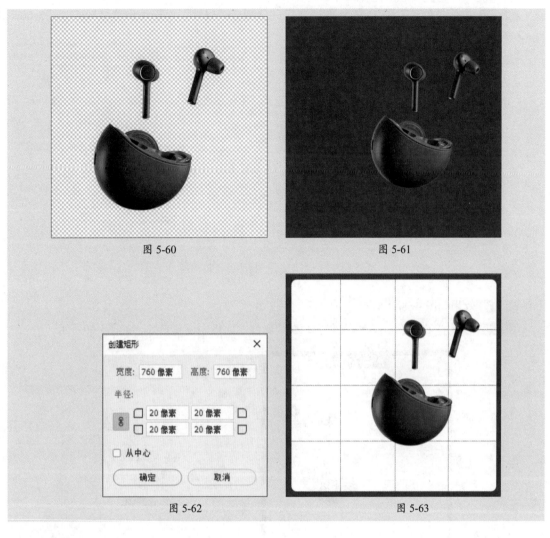

图 5-60

图 5-61

图 5-62

图 5-63

步骤 11 调整耳机大小，如图5-64所示。

步骤 12 选择"矩形工具"，绘制矩形，在"属性"面板中设置左下和右下半径为20像素，如图5-65所示。

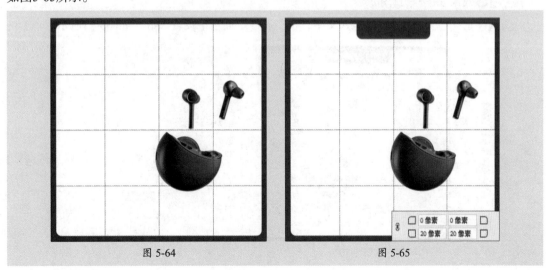

图 5-64

图 5-65

步骤 13 选择"文字工具",输入两段文字,分别在"属性"面板中设置参数,如图5-66、图5-67所示。

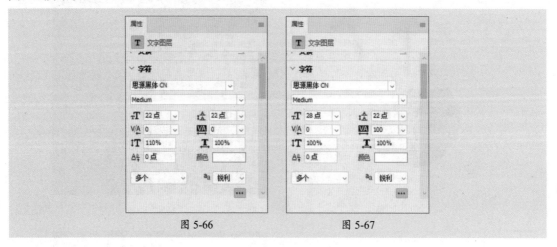

图 5-66　　　　　　　　图 5-67

步骤 14 效果如图5-68所示。

步骤 15 选择"文字工具",输入文字,在"属性"面板中设置参数,如图5-69所示。

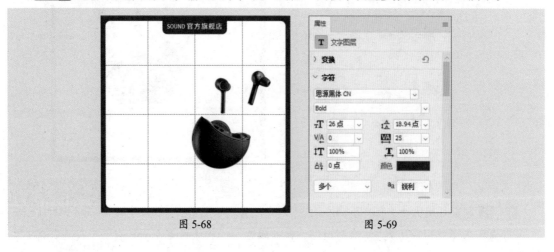

图 5-68　　　　　　　　图 5-69

步骤 16 效果如图5-70所示。

步骤 17 选择"文字工具",输入文字,在"属性"面板中设置参数,如图5-71所示。

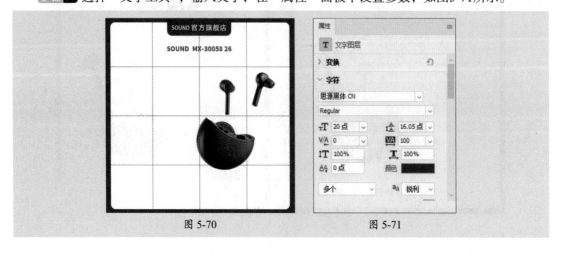

图 5-70　　　　　　　　图 5-71

网店美工与视觉设计标准教程(全彩微课版)

步骤 18 效果如图5-72所示。

步骤 19 选择"矩形工具"，绘制矩形，在"属性"面板中设置参数，如图5-73所示。

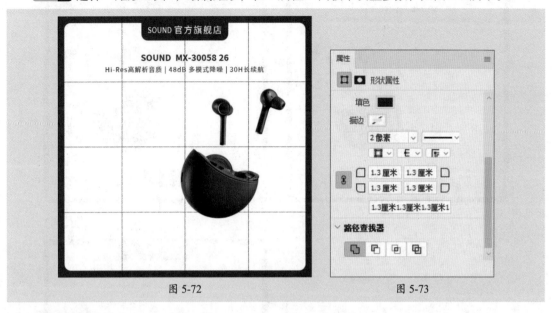

图 5-72　　　　　　　　　　　　　　图 5-73

步骤 20 调整矩形位置，使其居中对齐，如图5-74所示。

步骤 21 选择圆角矩形，在选项栏中设置矩形的渐变参数，如图5-75所示。

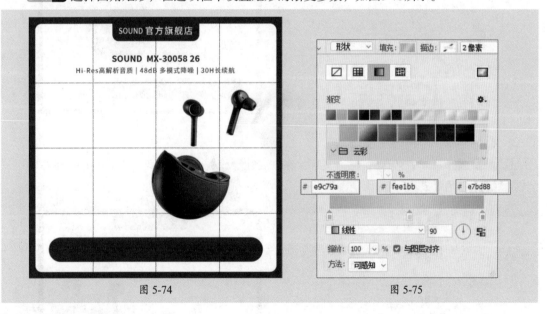

图 5-74　　　　　　　　　　　　　　图 5-75

步骤 22 效果如图5-76所示。

步骤 23 复制圆角矩形，更改填充颜色和圆角半径（1.15厘米），如图5-77所示。

步骤 24 双击该图层，在弹出的"图层样式"对话框中设置参数，如图5-78所示。

步骤 25 效果如图5-79所示。

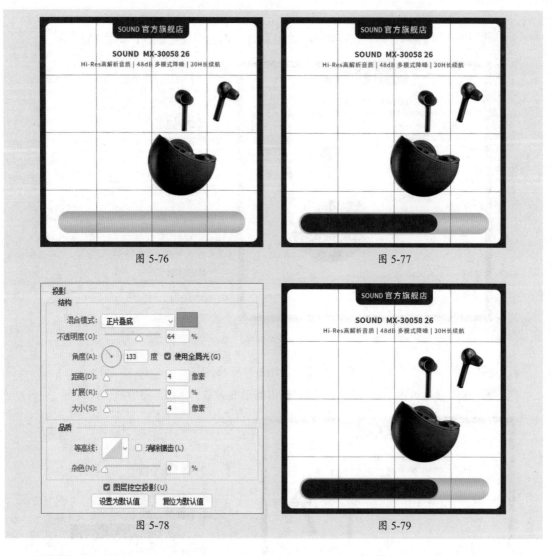

图 5-76   图 5-77

图 5-78   图 5-79

步骤 26 选择"文字工具",输入文字,在"属性"面板中设置参数,如图5-80所示。

步骤 27 应用效果如图5-81所示。

图 5-80   图 5-81

步骤28 选择"文字工具"，设置字体大小为16点，输入文字，如图5-82所示。

步骤29 更改字体大小为24点，输入两组文字，如图5-83所示。

图 5-82

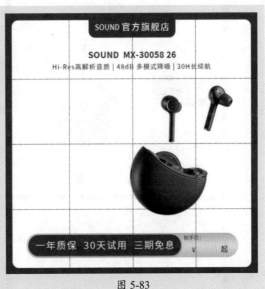

图 5-83

步骤30 更改字重为Bold，字体大小为40点，输入文字，如图5-84所示。

步骤31 将字体大小更改为18点、24点，分别输入两组文字，如图5-85所示。

图 5-84

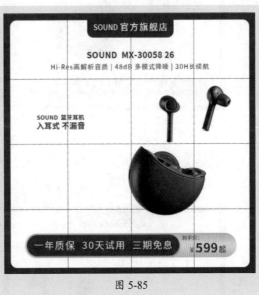

图 5-85

步骤32 使用"矩形工具"绘制矩形，设置半径为0.5厘米，再复制2个，选中3个矩形，使其居中对齐、垂直分布，如图5-86所示。

步骤33 将字体大小更改为20点，分别输入两组文字，如图5-87所示。

步骤34 置入素材并调整大小和位置，如图5-88所示。

步骤35 设置字体大小为14点，输入段落文字，如图5-89所示。

图 5-86　　　　　　　　　　　　　　　　　图 5-87

图 5-88　　　　　　　　　　　　　　　　　图 5-89

步骤 36 整体调整完成后，按Ctrl+'键隐藏网格，如图5-90所示。

步骤 37 置入素材并调整合适大小和位置，如图5-91所示。

图 5-90

图 5-91

新手答疑

1. Q: 主图的背景该怎样选择?

A: 主图的背景不宜太过花哨,通常以图片场景、纯色为主。图片场景可以是生活中的实际拍摄的场景,也可以是虚拟环境渲染的3D场景。纯色则使用浅色、干净的颜色,颜色太鲜艳会喧宾夺主。白色、灰色是万能色,可以很好地将商品衬托出来,如图5-92、图5-93所示。

图 5-92

图 5-93

2. Q: 白底的主图主要用在哪些场景?

A: 白底图的使用场景有首页宫格、大促会场、百亿补贴、聚划算以及猜你喜欢等,如图5-94~图5-96所示。还被广泛用作主图的第二张或第五张图。使用白底图可以获得系统抓取,展示在首页以及各种栏目。

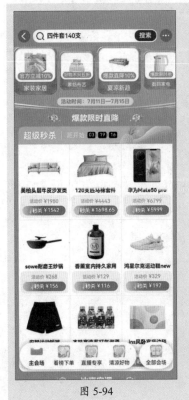

图 5-94

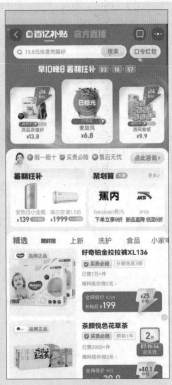

图 5-95

图 5-96

141

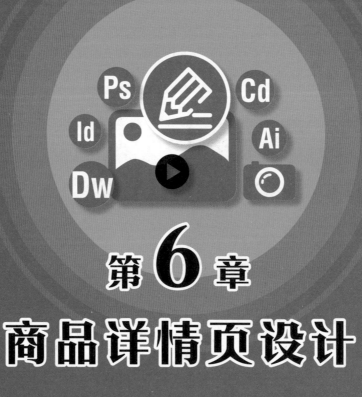

第6章
商品详情页设计

宝贝详情即指对宝贝的详细介绍，对于宝贝的品牌、款式、尺寸等属性，使用文字、图片、视频等进行进一步的描述，以此丰富宝贝的介绍，从而让买家对店铺中的商品有更全面的了解。

6.1 详情页概述

店铺的主图决定了点击率，详情页则能提高转化率。在设计详情页之前，要了解详情页的组成、设计要点以及设计规范。

6.1.1 详情页的组成部分

详情页是对商品的详细解读，可以吸引买家深入了解商品，或引导买家浏览店铺中的其他商品，以最大化利用店铺流量。详情页包括但不限于以下模块。

（1）促销活动

有平台活动以及店铺活动时，可以在详情页顶部展示促销信息，包括充值福利、优惠券、活动详情、价格优惠等，如图6-1所示。

（2）商品海报

商品海报可形成买家对商品的第一印象，可以用于梳理品牌形象，也可以吸引买家眼球，使其有看下去的兴趣。商品的氛围感海报、主视觉海报等，可以将商品的特点表现出来，吸引买家，如图6-2所示。

图6-1　　　　　　　　　　　　　图6-2

（3）商品参数（基础信息）

引导买家了解商品的具体参数，包括尺码、品牌商标、颜色材质以及使用方式等，如图6-3所示。

（4）细节展示

细节是商品基本信息的补充，可以展示商品的局部细节，让买家全面了解商品。也可以将某些局部细节放大进行讲解，如图6-4所示。

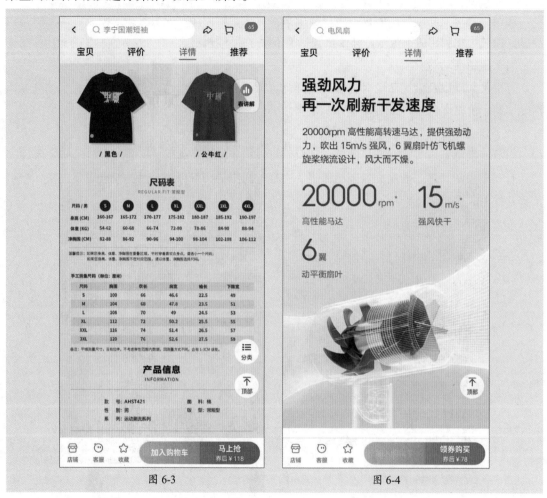

图 6-3　　　　　　　　　　　　图 6-4

（5）商品优势

可以将商品的成分组成、安全配方、核心技术等进行展示，也可以可适当地和同类商品进行比较，突出自身商品的特点，如图6-5所示。部分类目可以展示使用前后的对比效果。

（6）信任背书

提供相关符合国家标准检测的证书、获得某项专利的证明等，如图6-6所示。知名品牌或是比较久远的品牌，可以选择性地展示品牌故事或是品牌历程，也可以展示用户的好评反馈。

（7）售后保障

消除买家顾虑，例如七天无理由退货、赠送运险费、退换事宜、上门安装等，如图6-7所示。

（8）配件物流

列举商品的包装配件信息、打包、物流以及购物须知等事项，如图6-8所示。

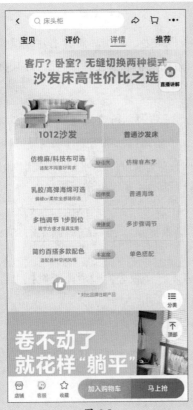

图 6-5

图 6-6

图 6-7

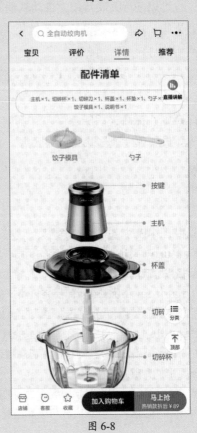

图 6-8

6.1.2 详情页的设计要点

详情页是提高商品转化率的入口，激发买家的消费欲望，利用品牌背书建立信任，标注售后服务来消除买家顾虑。下面从详情页的准备工作、策划逻辑以及注意事项三方面进行讲解。

1. 准备工作

在设计宝贝详情页之前，要充分做好商品的市场调研以及同行业调查，规避同款。做好买家的市场调研，包括消费能力、消费喜好、痛点等。根据市场调查结果结合自家商品进行分析总结。

- **确定定位：** 根据市场调研，分析受众群体以及自身商品的特点，并提炼卖点，根据店铺风格、商品定位、目标消费人群、季节以及大促活动主题等确定页面风格。
- **整理资料：** 根据商品风格的定位准备所用的设计素材，例如产品图、系列产品展示图、产品实拍图、产品搭配效果图、细节展示、场景展示、品牌资料图（LOGO、环境图等）等。
- **文案准备：** 确定详情页商品及文案的用色、字体、排版等。最后还要烘托出符合商品特性的氛围。

2. 策划逻辑

详情页的上半部分主要展示商品价值，下半部分则是培养信任，从而促进买家的购买，完成交易。

- **引起注意：** 可以使用优惠券、满赠、店铺活动、平台活动以及会员福利等引起买家注意，也可以进行关联营销，带动其他商品的销售。
- **提升兴趣：** 可以从成分、穿戴效果、功能对比等角度突出核心卖点，突出差异优势，强调品质优势。
- **建立信任：** 可以展示权威证书或品牌背书、原产地背书、质检报告、代言人、授权书等，进一步取得买家的信任。
- **消除疑虑：** 标注售后服务保障，例如，七天无理由退款、十五天保价、运险费、换货保修等，最大程度地消除买家的顾虑。

知识链接

FABE营销法则

可以根据FABE营销法则对详情页的内容进行设计与优化。

- **Feature（特征）：** 包括商品的特质、特性等基本功能，以及如何满足用户需要，可以从产品名称、产地、材料、工艺定位、特性等方面深挖内在属性，找到差异点。
- **Advantage（优势）：** 商品特征所产生的优势发挥了什么功能，与同类竞品相比较，列出比较优势、特点，可直接或间接进行阐述。
- **Benefits（利益）：** 商品优势带来的好处，通过强调买家得到的利益，激发买家的购买欲。
- **Evidence（证据）：** 列举足够客观性、权威性、可证实性的技术报告、品牌效应等来印证一系列的介绍。

简单来说，FABE法则就是帮买家找到最感兴趣的特征后，分析这一特征产生的优势，带来的利益，然后展示证据，证实该商品可以满足其需求。

3. 注意事项

- 根据店铺宝贝以及市场调查的分析，精准确定目标消费人群。
- 根据市场调查的结果对自家商品进行分析，深挖与其他竞品卖点的不同，要做到主次分明，切忌无重点。
- 商品核心卖点必须重点展现，若不突出，不足够吸引买家。
- 详情页的设计要与宝贝主图、宝贝标题一致，切莫"挂羊头卖狗肉"。
- 不盲目借鉴他人店铺的设计风格，要有自己独有的风格。
- 营销关联不宜太多，以免导致买家直接跳过关联商品或直接关闭页面。
- 在描述文案上切忌使用专业术语，可以使用简洁易懂的话语代替专业术语。
- 可以站在买家角度上表达卖点：商品卖点+显示效果+阐述证明。
- 文案简而精，字体选择上要可读性好，切忌使用花式难读字体，字体适量放大，配图也要大，减少不必要的背景和装饰。
- 文案切勿出现错别字，上传前要仔细检查。
- 避免使用违法和禁用词，例如，最、国家级、世界级、祖传、奇效等。
- 在设计上所用的元素既要具有美感，又要符合潜在客户的需求，在第一时间吸引买家。在描述上要真实不夸张，宣传与实物相符。
- 图片不宜保存得过大，受网络加载速度的影响，图片过大会卡顿，导致买家购物体验感下降。尽量缩小详情页的高度和大小，提升浏览速度。

6.1.3 详情页的设计规范

随着平台的改版，PC端和手机端的详情页尺寸基本是可以通用的。在商品发布中的详情描述可以使用文本编辑以及高级编辑两种方法设计与上传。

1. 文本编辑

在左侧可以使用图片、文字、源码三种。

- **图片** `图片`：单击该按钮，可直接上传图片，或在"图片空间"中选择图片，图片宽度建议为750像素，大小控制在3MB以内。
- **文字** `文字`：单击该按钮，在模块中可输入文字内容，设置字体样式、字体大小以及对齐样式。
- **源码** `源码`：单击该按钮，在模块中可输入编码。

| **注意事项** | **上传图片前的建议** |

若上传的图片宽度和高度超过了限制，系统会自动等比例调整成符合要求的尺寸，有可能会出现图片显示变形等问题，建议在上传前调整宽度、高度。尺寸未超过限制则不会修改。

在左侧添加的文字、图片以及源码模块，可以在右侧预览应用效果，如图6-9所示。

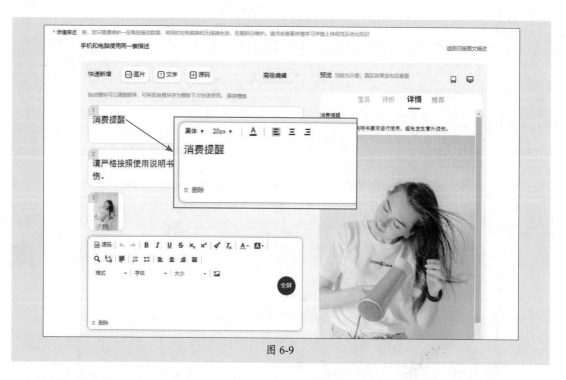

图 6-9

拖动模块可调整顺序。选择模板，单击模板上方"保存模板"文字，可生成"模板"按钮，如图6-10所示，单击即可快速应用。单击模块中的"删除"按钮可删除模块。

图 6-10

2. 高级编辑 / 旺铺编辑

单击"高级编辑"按钮进入旺铺编辑，可以使用模块进行编辑，如图6-11所示。

图 6-11

6.2 使用高级编辑设计详情页

在后台中的图文描述中使用旺铺编辑详情页，详情页的装修主要分为基础模块设计、营销模块设计、行业模块设计以及自定义模块设计。

6.2.1 基础模块设计

在基础模块中可以添加图片、文字以及动图模块。

1. 图片模块

基础模块中的图片模块有两种模板，一种是无背景色框架，另一种是有背景色框架。单击无背景色框架，根据提示选择图片置入。此时在图片的顶部和右侧显示三组操作选项，如图6-12所示。

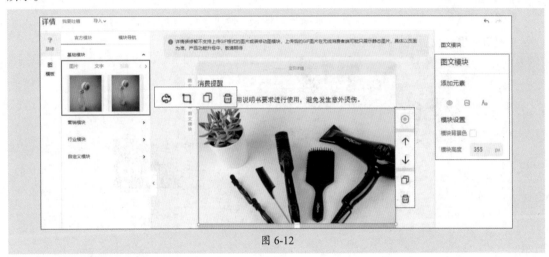

图 6-12

（1）图片模块顶部按钮组

● **替换图片**：单击该按钮可替换图片。

● **编辑图片**：单击该按钮可自定义裁剪、移动图片。

● **复制**：单击该按钮可复制图片。

● **删除**：单击该按钮可删除图片。

（2）图片模块右侧按钮组

● **设置**：单击该按钮可显示图文模板，在弹出的图文模块中可设置相关参数。

● **向上/下移动**：单击↑按钮后移一层；单击↓按钮下移一层。

● **复制**：单击该按钮可复制图文模块。

● **删除**：单击该按钮可删除图文模块。

（3）图片模块选项组

● **小工具**：单击该按钮，在弹出的界面中可添加宝贝链接、店铺活动、店铺首页、宝贝分类、新品上架等，如图6-13所示。选择链接后，单击"确定"按钮即可。单击链接可更改链接、预览链接、复制链接以及删除链接，链接显示区域可根据需要调整，如图6-14所示。在实际应用时，单击该区域可跳转到链接的界面。

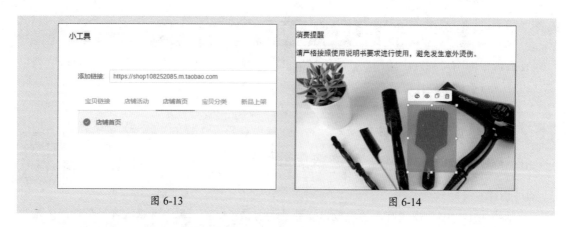

图 6-13   图 6-14

- **图片** ⊡：单击该按钮可添加图片。
- **文字** A₀：单击该按钮可添加文字。
- **模块背景色**：单击色块可设置背景颜色，如图6-15所示。
- **模块高度**：设置模块高度。

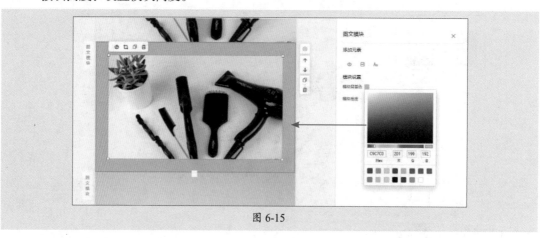

图 6-15

2. 文字模块

基础模块中的文字模块有4种模板，单击第二种文字模板输入文字，在文字上方的操作框中可以对文字进行编辑，包括字体、字号、加粗、倾斜、字体颜色、背景颜色、复制以及删除，如图6-16所示。

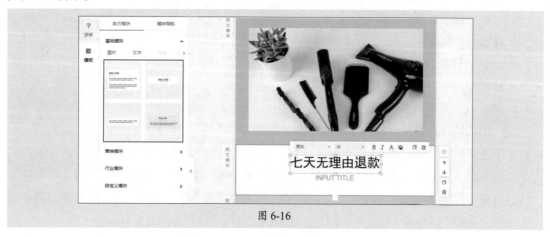

图 6-16

3. 动图模块

基础模块中的动图模块内置了14套模板，根据所选模板规范，上传图片和编辑文案，就可以轻松生成动图，如图6-17所示。

图 6-17

4. 尺码信息模块

基础模块中的尺码信息模块只有一种模块，如图6-18所示。选择该模块显示的为样例数据，不支持编辑，如图6-19所示。若要编辑尺码，可在"商品发布"中编辑尺码数据，或者编辑完成后返回当前界面，单击"发布"按钮即可生效。

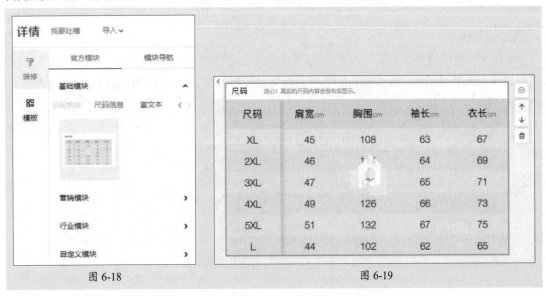

图 6-18   图 6-19

5. 富文本模块

基础模块中的富文本模块只有一种模板，如图6-20所示。在富文本模块中配置组件属性即可应用，如图6-21所示。

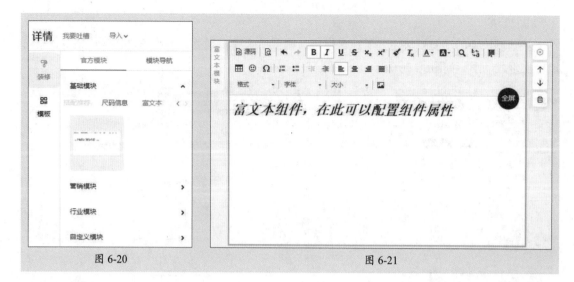

图 6-20　　　　　　　　　　　　　　　　　　　　图 6-21

知识链接

富文本格式

富文本格式即RTF格式，又称多文本格式，是由微软公司开发的跨平台文档格式。大多数的文字处理软件都能读取和保存RTF文档。它是一种便于不同的设备、系统查看的文本和图形文档格式。

6.2.2　营销模块设计

营销模块中包括店铺推荐模块、店铺活动模块、优惠券模块以及群聊模块。其中店铺推荐模块、店铺活动模块以及群聊模块仅限移动端（手淘）可用。

1.店铺推荐模块

该模块只有店铺中出售宝贝大于等于7件商品才会进行展示。单击店铺推荐模板，在宝贝详情中显示店铺推荐模块，在该模块中可以选择两种排序方法，千人千面以及按商品添加顺序，如图6-22所示。

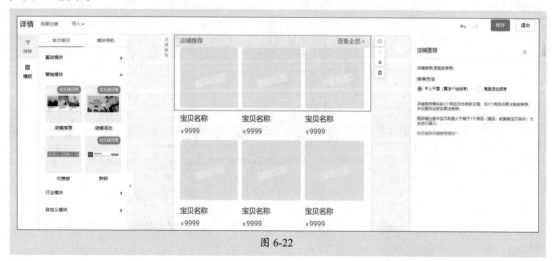

图 6-22

- **千人千面：**6件商品全由算法根据个性排序。
- **商品添加顺序：**6件商品中的前三件商品由商家设置，后三件商品由算法推荐。

2. 店铺活动模块

单击店铺活动模板，在宝贝详情中显示店铺活动模块，在该模块中上传店铺活动海报，如图6-23所示。活动图片宽高比为750∶360，格式为JPG、PNG。活动地址可输入天猫、聚划算、淘宝活动的URL，链接以https://或http://开头。

图 6-23

知识链接

URL是什么

URL即网络地址，是互联网上标准的资源地址。

3. 优惠券模块

单击优惠券模板，在宝贝详情中显示优惠券模块，在该模块中可选择系统默认优惠券，也可以选择自定义优惠券，如图6-24所示。

图 6-24

4. 群聊模块

单击群聊模板，在宝贝详情中显示群聊模块，如图6-25所示。添加该模块后，在浏览该商品的详情页时，系统会自动推荐可以加入的商家群。

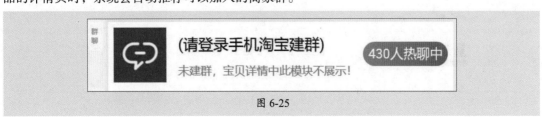

图 6-25

6.2.3 行业模块设计

行业模块中包括宝贝参数模块、颜色款式模块、细节材质模块、商品吊牌模块、品牌介绍模块以及商家公告模块。

1. 宝贝参数模块

宝贝参数模块中有三种模板。选择任意模板，在宝贝详情中可显示宝贝参数模块，在该模板中除了可以更改已有参数，还可以通过右侧按钮组添加链接、图片、文字，更改模块颜色以及高度等，如图6-26所示。

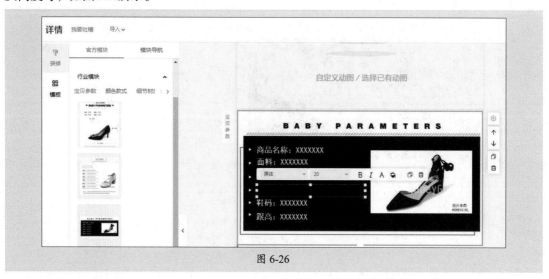

图 6-26

2. 颜色款式模块

颜色款式模块中有12种模板。选择任意模板，在宝贝详情中可显示颜色款式模块，在该模板中除了可以更改已有参数，还可以通过右侧按钮组添加链接、图片、文字，更改模块颜色以及高度等，如图6-27所示。

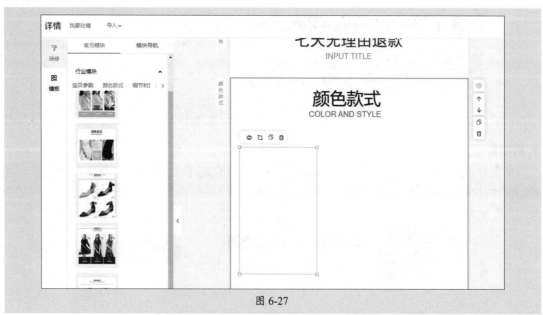

图 6-27

3. 细节材质模块

细节材质模块中有10多种模板。选择任意模板，在宝贝详情中可显示细节材质模块，在该模板中除了可以更改已有参数，还可以通过右侧按钮组添加链接、图片、文字，更改模块颜色以及高度等，如图6-28所示。

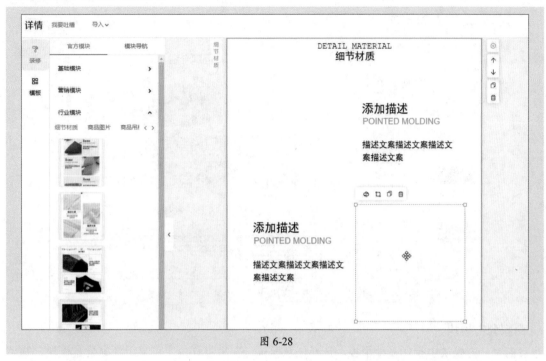

图 6-28

4. 商品吊牌模块

商品吊牌模块中有10种模板。选择任意模板，在宝贝详情中可显示商品品牌模块，在该模板中除了可以更改已有参数，还可以通过右侧按钮组添加链接、图片、文字，更改模块颜色以及高度等，如图6-29所示。

图 6-29

5. 品牌介绍模块

品牌介绍模块中有10多种模板。选择任意模板，在宝贝详情中可显示品牌介绍模块，在该模板中除了可以更改已有参数，还可以通过右侧按钮组添加链接、图片、文字，更改模块颜色以及高度等，如图6-30所示。

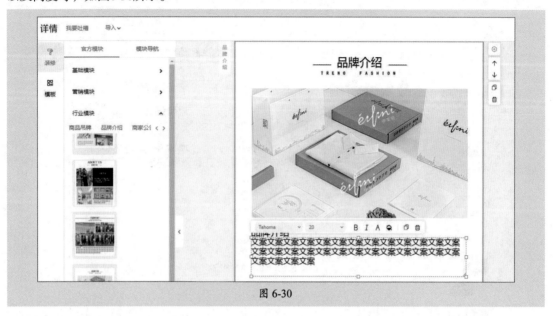

图 6-30

6. 商家公告模块

商家公告模块中有10多种模板。选择任意模板，在宝贝详情中可显示商家公告模块，在该模板中除了可以更改已有参数，还可以通过右侧按钮组添加链接、图片、文字，更改模块颜色以及高度等，如图6-31所示。

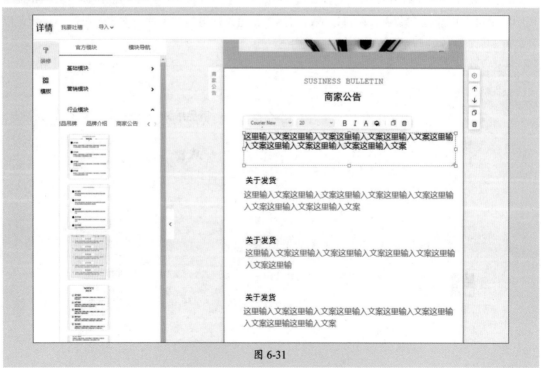

图 6-31

案例实战：制作台灯详情页

　　本案例将根据所提供的素材制作台灯的详情页，选取详情页中的商品海报、核心优势、产品参数以及细节展示部分的制作方法进行展示，下面介绍具体的处理方法。

1. 制作详情页——商品海报

　　商品海报主要展示主推商品和宣传标语，涉及的知识点有新建文档、混合器画笔工具、文字工具等。

　　步骤 01 在Photoshop中打开素材图片，如图6-32所示。

　　步骤 02 使用"混合器画笔工具"柔化边缘，如图6-33所示。

图 6-32　　　　　　　　　　图 6-33

　　步骤 03 在Photoshop中执行"新建"命令创建文档，如图6-34所示。

　　步骤 04 将台灯图片复制并移动到详情页文档中，调整大小后显示网格，如图6-35所示。

图 6-34　　　　　　　　　　图 6-35

步骤 05 使用"横排文字工具"输入两组文字，并设置参数，如图6-36、图6-37所示。

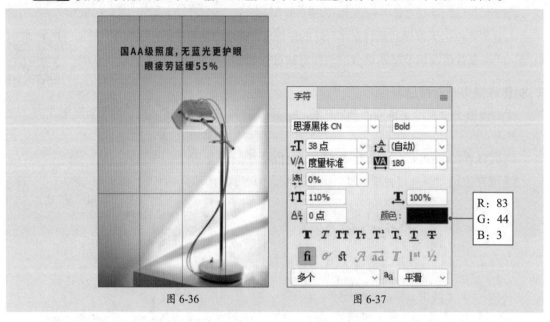

图 6-36　　　　　　　　　　图 6-37

步骤 06 将字号更改为20点，字间距为160，输入文字，如图6-38所示。

图 6-38

步骤 07 更改字号、字重以及颜色，在左下角输入文字，如图6-39、图6-40所示。

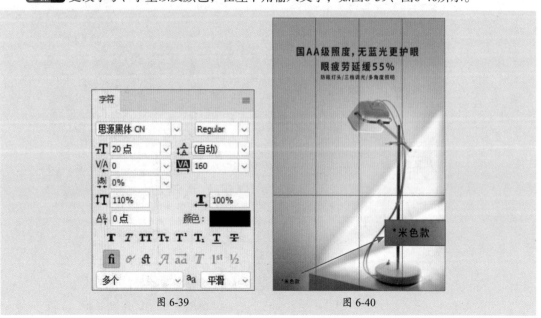

图 6-39　　　　　　　　　　图 6-40

2. 制作详情页——核心优势

该区域用于介绍商品的核心优势，涉及的知识点有文字工具、椭圆工具、图层蒙版、矩形工具、图层样式、对齐与分布等。

步骤 01 使用"横排文字工具"输入文字并设置参数，如图6-41、图6-42所示。

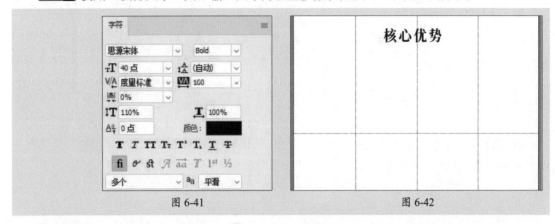

图 6-41　　　　　　　　　　　　　　图 6-42

步骤 02 使用"椭圆工具"，按住Shift键绘制正圆并填充颜色，如图6-43所示。

步骤 03 在图层面板中创建图层蒙版，将前景色设置为黑色，使用渐变工具隐藏正圆左下角的显示，如图6-44所示。

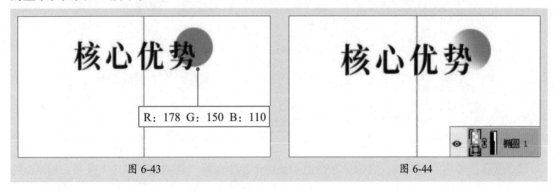

图 6-43　　　　　　　　　　　　　　图 6-44

步骤 04 使用"矩形工具"绘制矩形并填充颜色，如图6-45所示。

步骤 05 分别置入6个图标，创建参考线使其对齐，如图6-46所示。

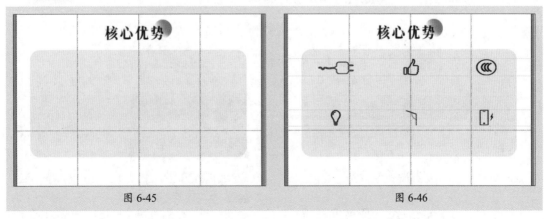

图 6-45　　　　　　　　　　　　　　图 6-46

步骤 06 使用"横排文字工具"输入文字并设置参数，如图6-47、图6-48所示。

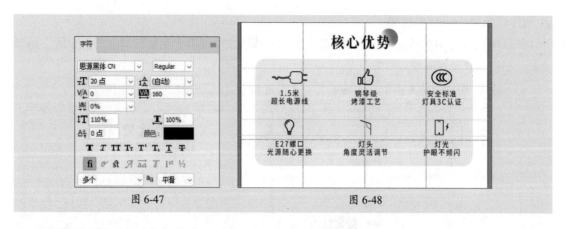

图 6-47　　　　　　　　　　　　　图 6-48

步骤 07 在图层面板中双击电源线图层，弹出"图层样式"对话框，选中"投影"复选框并设置相关参数，如图6-49所示。

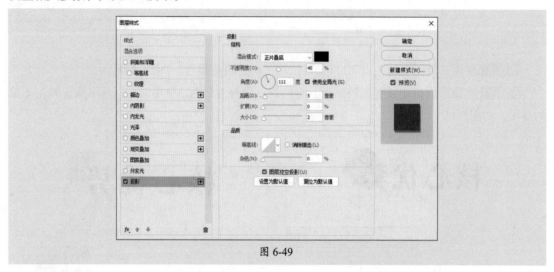

图 6-49

步骤 08 选择电源线图层，右击，在弹出的快捷菜单中选择"复制图层样式"选项，如图6-50所示。

步骤 09 按住Ctrl键加选剩余的5个图标图层，右击，在弹出的快捷菜单中选择"粘贴图层样式"选项，此时"图层"面板如图6-51所示。

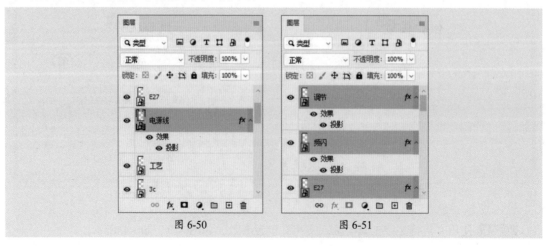

图 6-50　　　　　　　　　　　　　图 6-51

步骤10 执行后的效果如图6-52所示。

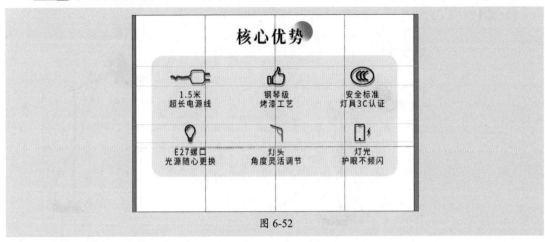

图 6-52

3. 制作详情页——产品参数

该区域主要介绍商品的参数，涉及的知识点有复制、直线工具、文字工具、矩形工具、对齐与分布以及自定形状工具等。

步骤01 选择"核心优势"与正圆，按住Alt键复制并移动，如图6-53所示。

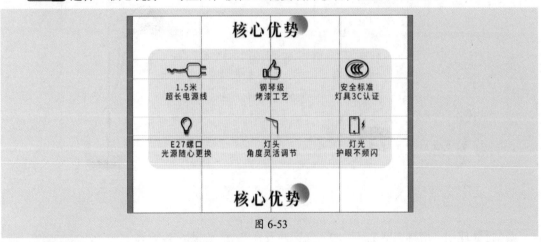

图 6-53

步骤02 更改文字内容，如图6-54所示。

图 6-54

步骤 03 置入素材图片，调整大小和位置，如图6-55所示。

步骤 04 使用"直线工具"绘制参考线，如图6-56所示。

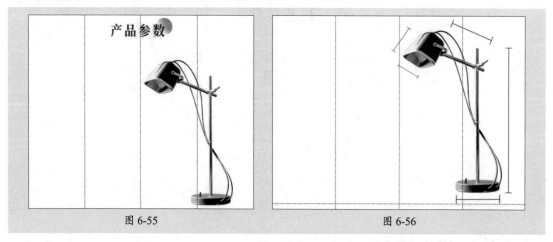

图 6-55　　　　　　　　　　　　　图 6-56

步骤 05 使用"横排文字工具"输入文字，设置参数后调整倾斜角度，如图6-57、图6-58所示。

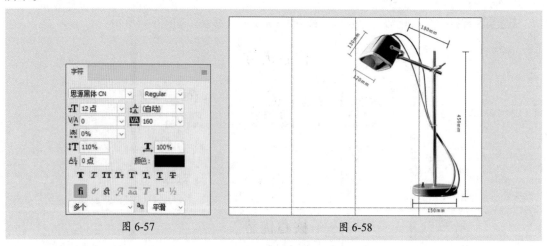

图 6-57　　　　　　　　　　　　　图 6-58

步骤 06 使用"横排文字工具"输入文字并设置参数，如图6-59所示。

步骤 07 选中全部文字，在属性栏中依次单击"左对齐"按钮▣和"垂直居中分布"按钮▣，对齐效果如图6-60所示。

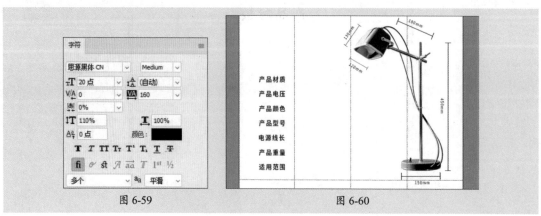

图 6-59　　　　　　　　　　　　　图 6-60

步骤 08 使用"矩形工具"绘制矩形，在"属性"面板中设置颜色、描边、半径等参数，如图6-61、图6-62所示。

步骤 09 按住Alt键复制并移动矩形，如图6-63所示。

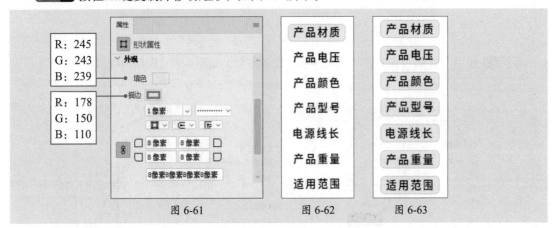

图 6-61　　　　　图 6-62　　　　　图 6-63

步骤 10 使用"横排文字工具"输入文字并设置参数，如图6-64、图6-65所示。

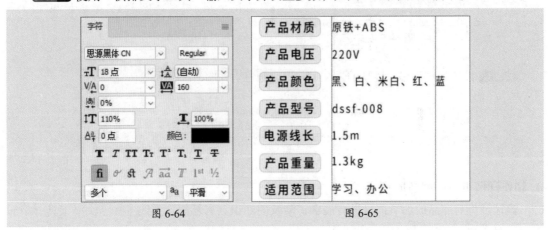

图 6-64　　　　　　　　　图 6-65

步骤 11 使用"矩形工具"绘制矩形，将描边设置为无，如图6-66所示。

步骤 12 使用"自定形状工具"，在属性栏中选择"感叹号"形状，如图6-67所示。

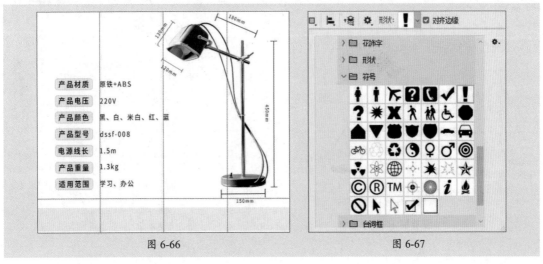

图 6-66　　　　　　　　　图 6-67

步骤 13 拖动鼠标绘制图形并更改填充颜色，如图6-68所示。

图 6-68

步骤 14 使用"横排文字工具"输入文字并设置参数，如图6-69、图6-70所示。

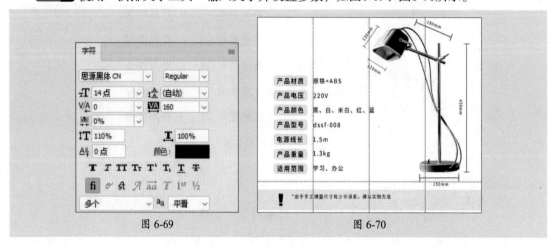

图 6-69 　　　　　　　　　　　　图 6-70

步骤 15 设置字号为16，继续输入文字并更改颜色。如图6-71所示。

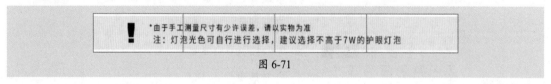

图 6-71

4. 制作详情页——细节展示

　　该区域将对商品的细节部分进行展示，涉及的知识点有复制、直线工具、文字工具、矩形工具、对齐与分布以及自定形状工具等。

　　步骤 01 选择"核心优势"与正圆，按住Alt键复制并移动，如图6-72所示。

　　步骤 02 更改文字内容，如图6-73所示。

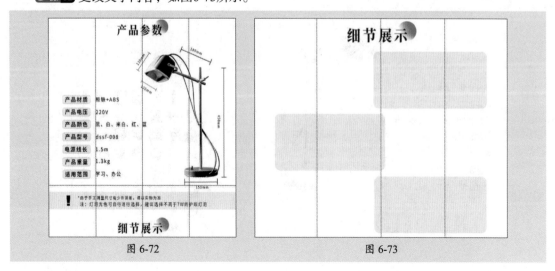

图 6-72 　　　　　　　　　　　　图 6-73

步骤 03 按住Alt键复制并移动产品参数中的台灯，如图6-74所示。

步骤 04 按Ctrl+J组合键连续复制两次，如图6-75所示。

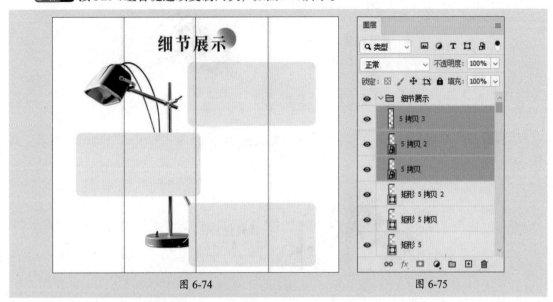

图 6-74   图 6-75

步骤 05 分别选择创建剪贴蒙版并有针对性地放大细节，如图6-76、图6-77所示。

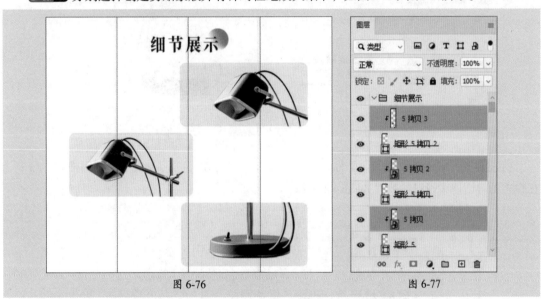

图 6-76   图 6-77

步骤 06 使用"横排文字工具"输入两组文字，字号分别是22、16，对两组文字进行右对齐，如图6-78所示。

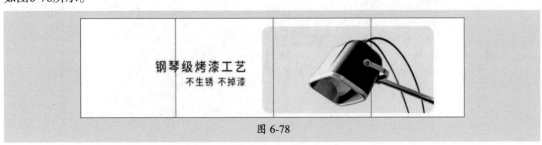

图 6-78

步骤 07 使用"矩形工具"绘制矩形，移动位置与文字右对齐，如图6-79所示。

图 6-79

步骤 08 按住Alt键复制并移动文字和矩形，更改文字内容，选中两组文字和矩形左对齐，如图6-80所示。

图 6-80

步骤 09 按住Alt键复制并移动第一组文字和矩形，更改文字内容，如图6-81所示。

图 6-81

步骤 10 按Ctrl+S组合键保存文件，执行"文件"|"导出"|"存储为Web所用格式"命令，在弹出的对话框中设置参数，如图6-82所示。

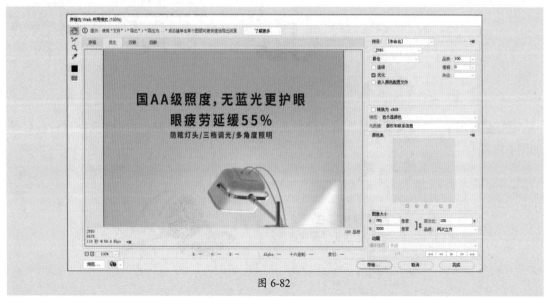

图 6-82

步骤 11 导出的效果如图6-83所示。

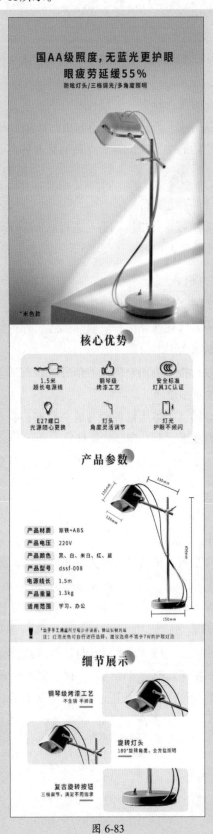

图 6-83

1. Q：详情页设计的重点在哪里？

　　A：详情页的内容一般较多，首屏的设计则是重中之重。除了使用商品海报，还可以使用以下几点进行设计。

- **制造冲突**：用冲突性的观点开头，引起买家关注。
- **知识普及**：以统计数据或大部分消费者不知道的冷知识开头，以激发买家兴趣。
- **抓痛点**：痛点是用户的心中所需，开头直戳消费者的内心，自然可以吸引消费者的注意力。

2. Q：详情页的内容太多，如何取舍？

　　A：详情页的内容不是越多越好，要根据侧重点进行取舍，保留消费者关注的内容，弱化共识内容，舍去重复且不重要的内容。

3. Q：详情页优化的重点是什么？

　　A：详情页需要根据转化率的高低进行优化，优化重点如下。

- **优化信息结构**：保留并优化商品图片、商品描述、评价等信息；转移用户关注度低但必须存在的信息；删除无用的信息。
- **重构页面布局和交互**：将影响用户决策的信息放在首屏，次要信息依次往下，可添加二级页面跳转，减少页面层级。
- **提升商品信任感**：总结、提炼店铺评价与成交数据，引入权威认证、售后退货与换货保障，以消除用户的疑虑，提升商品的信任感。
- **增加分流模块**：增加推荐商品、加入购物车、收藏、分享、咨询等功能，可以有效分流，降低跳出率。

4. Q：详情页优化技巧有哪些？

　　A：优化详情页的技巧如下。

- **商品图片**：商品图片是吸引消费者注意力的重要因素，要清晰、高质量以及多角度地展示商品。
- **商品描述**：从消费者的角度，精确介绍商品的特点、功能、用途等信息，让消费者充分了解商品的具体情况。
- **找卖点**：深挖商品的卖点，与同款竞品有明显的差异或特征。
- **挖痛点**：痛点的挖掘要深入消费者的内心，例如更加便宜、更大、质量更好等。
- **页面设计**：详情页的设计风格要和主页一致，可从布局、文本、色彩搭配三方面进行更改。

第7章
店铺首页的设计

店铺首页可以让买家了解店铺的最新活动、爆款好物、主推商品以及各类商品。了解了店铺首页的制作规范、内容构成、布局要点与注意事项，就可以直接设计首页内容，或使用后台的模块进行智能装修。

7.1 店铺首页概述

店铺的主图决定了点击率，详情页则能提高转化率。在设计详情页之前，要了解详情页的组成、详情页的设计要点以及设计规范。

7.1.1 首页的制作规范

店铺首页决定了店铺的整体形象。作为一个淘宝店铺的主要展示窗口，首页的好坏直接影响店铺的品牌宣传以及买家的购物体验。在制作首页时规范如下。

1. 图片规范

- **图片大小：**宽度为1200像素，高度由所使用的模块决定。
- **图片格式：**JPG或PNG格式，分辨率为72dpi，大小不超过2MB。

知识链接

图片尺寸详解

首页需要设计的模块主要分为图文类和宝贝类，其中图文类包括轮播图海报、单图海报、多热区切图，以及淘宝群聊自定义组件，具体的上传规范如图7-1所示。

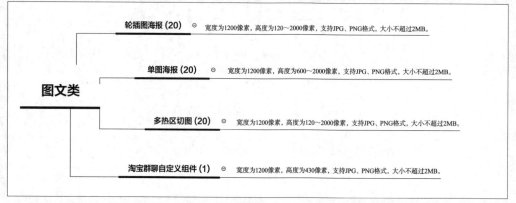

图 7-1

宝贝类主要包括系列主题宝贝模块和智能宝贝推荐，具体的上传规范如图7-2所示。

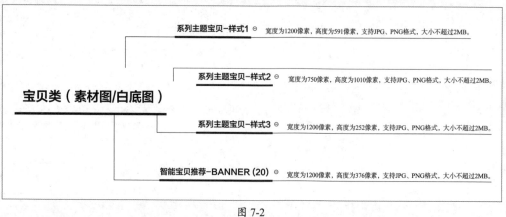

图 7-2

网店美工与视觉设计标准教程（全彩微课版）

2. 文字规范

在首页中关于文字的设计有多处，例如标题、副标题、价格文案等，如图7-3所示。所有文案的字号建议取2的倍数，例如20、28、32、46等。避免使用低于20的字号，可能造成阅读困难。具体设计规范如下。

- **标题文案：** 字号建议为32~46，行高为1.5~1.75。
- **副标题文案：** 字号建议为24~32，行高为1.4~1.5。
- **价格文案：** 字号建议为32~36，行高为1.5。
- **商品标题文案：** 字号建议为28，行高为1.5。
- **备注级文案（标签、优惠券）：** 字号建议为20，行高为1.4。

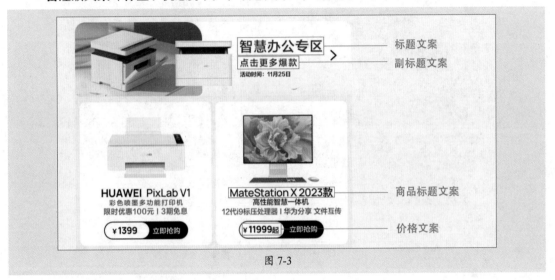

图 7-3

▌7.1.2 首页的内容构成

店铺首页是由多个模块组成的，没有明确的具体要求，包括但不限于以下模块。

1. 单图海报模块

单图海报模块主要是对商品进行单图展示。可以放店铺的主推商品，突出商品的特点；也可以放店铺活动海报，抓住买家眼球，刺激消费。在图片上可以搭配文案和宝贝链接等，如图7-4所示。

2. 轮播图模块

轮播图模块以商品轮播的形式展示商品，可以放置店铺的新品、热销款或活动海报，如图7-5所示。

3. 优惠券模块

优惠券可以刺激买家消费，该模块可以放置在单图展示的下方，使买家可以快速看到，方便领取，提高成交率，如图7-6所示。

4. 分类导航模块

按类别标注，可以让首页整洁清晰，方便买家快速找到产品，如图7-7所示。

图 7-4

图 7-5

图 7-6

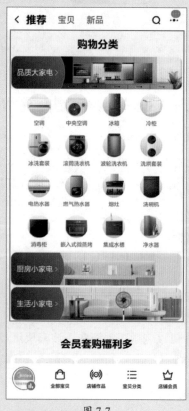

图 7-7

5. 切图模块

切图模块主要用来突出单个宝贝。可以重点展示宝贝的整体和细节，让买家进一步了解宝贝，刺激消费，如图7-8所示。

6. 排行榜模块

排行榜模块可以让买家了解店铺的热销商品，可以更直观地展示店铺精品，吸引买家购买，如图7-9所示。

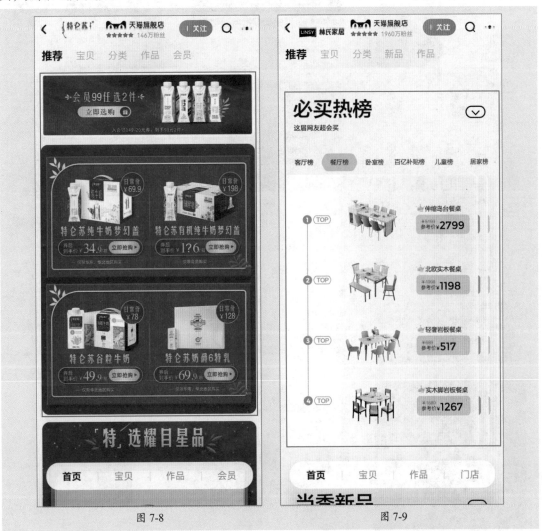

图 7-8   图 7-9

7.1.3　首页的布局要点

首页是店铺的门面，首屏则是点击率最高的区域，决定了买家是否继续查看其他信息，在该区域展示店铺的重要信息，例如主推商品、新品、商品分类、促销活动等，如图7-10～图7-12所示。

整个首页前三屏的设计尤为重要，展现的内容首选店内活动、主推商品以及分类导航。通过灵活、整齐、清晰的布局，对店铺中的流量进行二次分配以及转化，图7-13～图7-15所示为不同类型的首页。

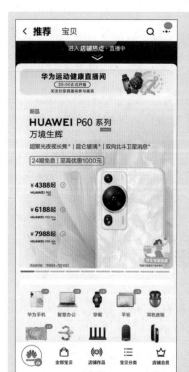

图 7-10

图 7-11

图 7-12

图 7-13

图 7-14

图 7-15

除此之外，还可以利用轮播图、切图制作活动页，一方面减少首页的高度，提高加载速度；另一方面可以列出多个商品，提供给买家更多选择，提升成交率。图7-16所示为轮播图，单击进入热销榜单，如图7-17所示。

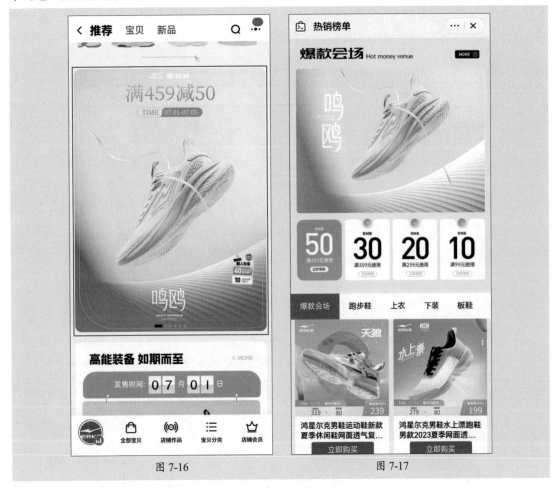

图 7-16　　　　　　　　　　　　　　　图 7-17

▌7.1.4　首页的注意事项

首页设计的注意事项如下。

- 界面简洁有序，各模块主次分明。可以让买家轻松了解店铺的活动和商品信息，从而判断是否符合购买需求。
- 页面大小和分辨率要符合要求。
- 店铺里的图片、文字等很多信息需要有很高的可识别度。
- 店铺色调风格统一。明确店铺商品的属性、行业特征以及目标人群的风格喜好，在此基础上选择合适的商品主图，即海报的色彩搭配。
- 注意首页图片的主次顺序，装饰元素要紧扣主题、突出主题。
- 要充分展示商品的卖点，有针对性地营销，吸引更多的消费者驻足。
- 针对宝贝数量大的店铺，要进行细致的分类，方便买家快速、准确地查找。

7.2 店铺首页的页面装修

进入千牛卖家中心，选择"店铺"|"手机店铺装修"选项，可以选择推荐（首页）、全部宝贝、基础设置、宝贝分类、自定义页、大促承接页、店铺二楼以及店铺作品等页面进行装修，如图7-18所示。

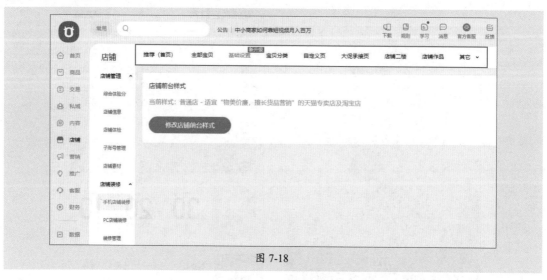

图 7-18

在推荐（首页）中单击"+新建页面"按钮 _{+新建页面} ，在弹出的"新建页面"提示框中输入25个字以内的文案。创建页面后单击"装修页面"，跳转至旺铺装修页面，如图7-19所示。

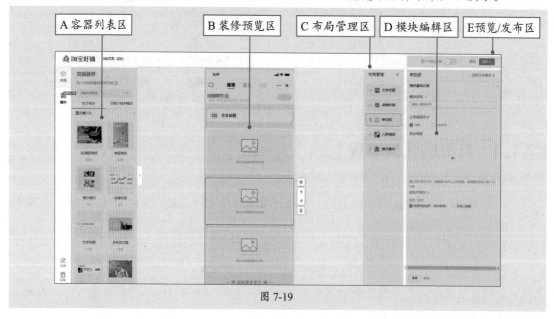

图 7-19

7.2.1 图文类模块

在图文类模块中可以添加轮播图海报、单图海报、猜你喜欢、店铺热搜、文字标题、多热区切图、淘宝群聊入口模块、人群海报、跨境专享卡片（仅对跨境IP可见）、免息专属飘条、CRM人群福利—店铺模块以及官方消费者防诈骗。

1. 轮播图海报

　　轮播图海报是基础图文类模块之一，最多可以放置4个同尺寸的图片（默认为初始上传图片的尺寸），每个图片可以关联1个跳转链接。适用于同一组商品、主体的呈现。在页面容器区将轮播图海报拖曳至中间的画布区域预览，在右侧设置模块名称、上传图片、添加链接以及设置智能展现方式，设置完成后，单击"保存"按钮可以预览，如图7-20所示。

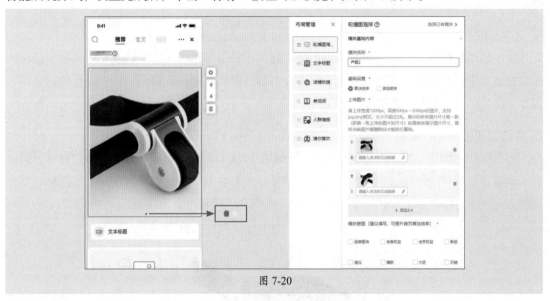

图 7-20

2. 单图海报

　　单图海报的整张图允许使用单个二跳页，并且支持圈选商品池自动生成微详情页作为二跳页。相较于热切图，单图海报更强调单张图片的表现力，信息的可读性比较好。也可以为系列商品进行主题化表达和种草，引导成交。

　　在页面容器将单图海报拖曳至中间的画布区域预览，可以在右侧设置模块名称、上传图片、选择二级承接方式以及设置智能展现方式，设置完成后，单击"保存"按钮可以预览，如图7-21所示。

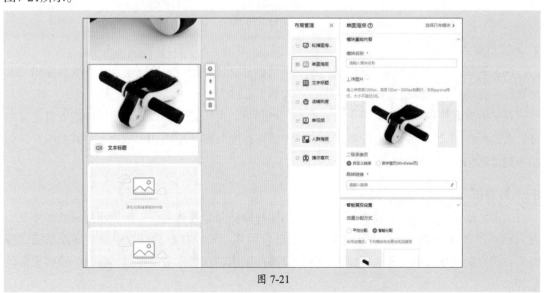

图 7-21

3. 猜你喜欢

猜你喜欢模块是由系统根据算法自动展现，将该模块拖动到预览区域即可，无须编辑。

4. 店铺热搜

店铺热搜模块是由系统根据算法自动展现，将该模块拖动到预览区域即可，无须编辑。若搜索词不足三个，则该模块在首页不显示。

5. 文字标题

文字标题模块可自定义输入20字以内的标题，单击即可跳转至目标链接。在页面容器将该模块拖曳至中间的画布区域进行预览，可以在右侧设置模块名称、样式、标题以及跳转链接，设置完成后单击"保存"按钮可以预览。

6. 多热区切图

多热区切图模块可以在上传的图片中划分多个区域，单击不同区域即可跳转至目标链接。在页面容器将该模块拖曳至中间的画布区域预览，可以在右侧设置模块名称、上传图片，划分区域上传链接，如图7-22所示。设置完成后单击"保存"按钮可以预览。

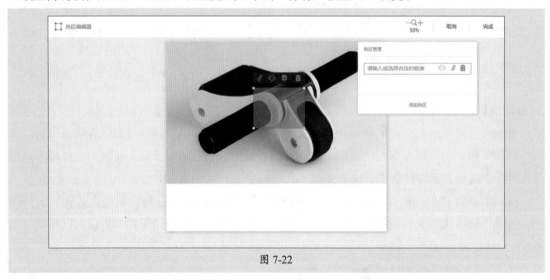

图 7-22

7. 淘宝群聊入口模块

淘宝群聊入口模块透出的群由平台根据群的活动、优质程度、活跃程度、群成员质量等条件智能匹配展示，该模块仅限符合条件的消费者可见。

在页面容器将该模块拖曳至中间的画布区域预览，可以在右侧选择通用组件或者自定义组件，若选择自定义组件，需上传宽度为1200像素，高度为430像素的JPG或PNG格式的图片，大小不超过2MB，然后添加链接地址。

8. 人群海报

人群海报模块可分人群投放，例如上传的图片链接为新客优惠券，则该海报仅新客可见。在页面容器将该模块拖曳至中间的画布区域进行预览，可以在右侧设置模块名称以及定向策略。在用户运营中设置运营人群、优惠券以及推广渠道。在推广渠道中需上传640×214像素的店铺海报。

9. 跨境专享卡片（仅对跨境IP可见）

该卡片模块主要是吸引中国香港、中国澳门、中国台湾以及海外市场的买家下单而设置的专享优惠券，应用后无须编辑。

10. 免息专属飘条

开启淘宝分期免息可使用该模块。在页面容器将该模块拖曳至中间的画布区域进行预览，可以在右侧设置模块名称、样式以及跳转链接。

11. CRM人群福利　店铺模块

在页面容器将该模块拖曳至中间的画布区域进行预览，可以在右侧设置模块名称、新人享首单礼金权益等参数。

12. 官方消费者防诈骗模块

在页面容器将该模块拖曳至中间的画布区域进行预览，无须编辑。

7.2.2　视频类模块

在视频类模块中可以添加单视频模块。在页面容器将单视频拖曳至中间的画布区域进行预览，可以在右侧设置模块名称、视频尺寸以及视频二级页链接，如图7-23所示。

图 7-23

模块名称的填写规范如下。

- 字数建议10个字以内，需围绕视频内容来写，表达视频核心和亮点，做到直观精简、生动有吸引力。
- 标题内容要符合广告法，不能写商品标题、货号或乱码文字，拒绝标题党或违背社会主义价值观和法律法规。

上传的视频基本规范如下。

- **视频尺寸：** 支持三种封面图尺寸：16：9、3：4和9：16，推荐优先使用9：16的竖版尺寸，视频流前台展示效果佳，消费者端沉浸式体验较好。
- **视频时长：** 时长为10秒～10分钟，最佳时长为15秒～2分钟。
- **画质要求：** 720p高清以上。
- **视频大小：** 不超过300MB。
- **视频格式：** mp4格式。

7.2.3 营销互动类模块

在营销互动类模块中可以添加店铺优惠券模块、裂变优惠券模块、购物金模块、芭芭农场模块、店铺会员模块以及人群优惠券模块。

1. 店铺优惠券模块

店铺优惠券模块可以通过设置优惠金额和使用门槛，刺激转化提高客单。包括店铺优惠券、商品优惠券、新客专享优惠券、满就送券等。在页面容器将该模块拖曳至中间的画布区域进行预览，可以在右侧设置模块名称、样式、优惠券数量等（最多可展示6张），如图7-24所示。设置完成后单击"保存"按钮可以预览。

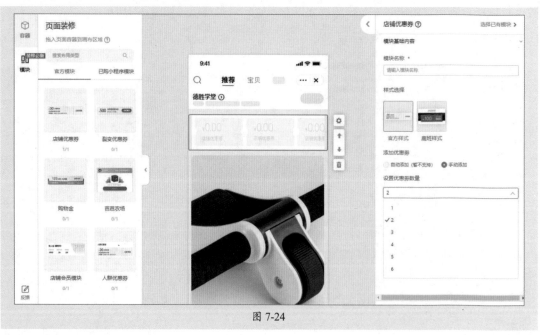

图 7-24

2. 裂变优惠券模块

裂变优惠券模块是由系统自动抓取公开投放的裂变优惠券，最多可添加三张，面额从大到小展示，仅支持通用推广渠道裂变优惠券。在页面容器将该模块拖拽至中间的画布区域预览，可以在右侧设置模块名称和优惠券数量等，设置完成后单击"保存"按钮可以预览。

3. 购物金模块

购物金模块可选择已创建的购物金。购物金是商家的一种营销手段，买家可以用此预储值的金额在商家店铺进行消费，购物金充值越多，优惠额度也越高。在页面容器将该模块拖曳至中间的画布区域进行预览，可以在右侧设置模块名称和已有购物金等，单击预览可查看完整动态效果。

4. 芭芭农场模块

芭芭农场模块为天猫农场合作的店铺专用。在页面容器将该模块拖曳至中间的画布区域进行预览，无须编辑其他信息。

5. 店铺会员模块

店铺会员模块适用于已有会员运营体系的商家。在页面容器将该模块拖曳至中间的画布区域进行预览，可以在右侧设置模块名称、入会模块以及会员模块，如图7-25所示。设置完成后单击"保存"按钮可以预览。当商家设置新会员礼包时，仅对满足入会门槛的非会员展示，对已入会的买家展示店铺等级、积分等信息。其中在入会模块中可以选择配色或者自定义色值。入会之后仅供会员显示的会员板块，可以设置背景颜色和自定义色值，还可以上传右上角的背景图片，要求图片宽度为538像素，高度为448像素，支持JPG和PNG格式。

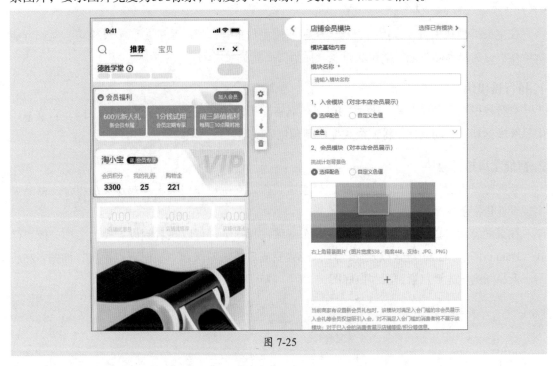

图 7-25

6. 人群优惠券模块

人群优惠券模块可分人群投放优惠券，仅选定人群可见，例如新客专享优惠、老客复购优惠、提客单优惠（即相对门槛优惠券配置），有效促进买家在不同购买场景下的高效转化。在页面容器将该模块拖曳至中间的画布区域进行预览，可以在右侧设置模块名称、样式以及定向策略，设置完成后单击"保存"按钮可以预览。

7.2.4　liveCard模块

LiveCard即店铺动态卡片，是一种富媒体的卡片形式展示，可以是视频、直播、交互体验的小游戏或动态货架小部件。官方提供三个模块，分别是测款选品、天猫U先—店铺派样以及天猫U先—免费试用。LiveCard带来的产品价值有以下三点。

1. 可动态化交互

更多交互能力开放，助力品牌更多元化互动形式表达（如摇一摇等），通过与消费者趣味化地"沟通"，给用户制造惊喜感，传达品牌文化。

2. 可数据识别

通过小部件技术开放能力（与小程序能力齐平），可实现数据通信与存储，卡片内容可根据消费者互动行为进程动态变化，使店铺与"我"更相关，与消费者产生更多连接。

3. 可跨场景流通

流转多个公私域场景，目前已互通公域MiniShop（店铺合集）、每日好店频道，即将打通订阅、店铺二楼、详情等场景。

7.2.5 宝贝类模块

在宝贝类模块中可以添加排行榜模块、智能宝贝推荐模块、系列主题宝贝模块、鹿班智能货架模块、免息商品智能货架模块以及大促预售商品货架模块。

1. 排行榜模块

排行榜模块包括销量榜、收藏榜以及新品榜，可以按照店铺内销量自动抓取商品的货架，由系统根据算法自动展现，将该模块拖动到预览区域即可，无须编辑。

2. 智能宝贝推荐模块

智能宝贝推荐模块方便组织商品进行快速装修，支持1～3列不同样式及灵活组合，商品可实现个性化推荐排序。

在页面容器将该模块拖曳至中间的画布区域进行预览，可以在右侧设置模块名称、模块样式、Banner图、Banner链接以及商品库，设置完成后单击"保存"按钮可以预览，如图7-26所示。商品图则优先展示素材图和白底图。

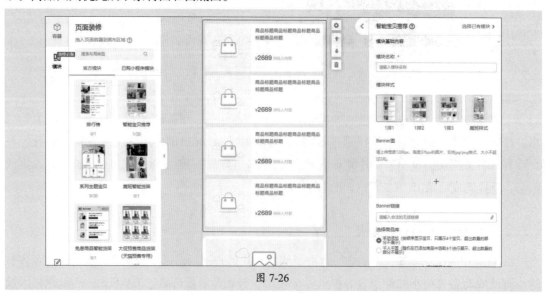

图 7-26

3. 系列主题宝贝模块

系列主题宝贝模块是具有主题化氛围感的宝贝模块，方便店铺组织商品系列并快速装修，支持横滑；主题间、商品间可实现个性化推荐排序。

在页面容器将该模块拖曳至中间的画布区域进行预览，可以在右侧设置模块名称、模块样式、标题、副标题、上传图片以及选择商品，设置完成后单击"保存"按钮可以预览，如图7-27所示。商品图则优先展示素材图和白底图。

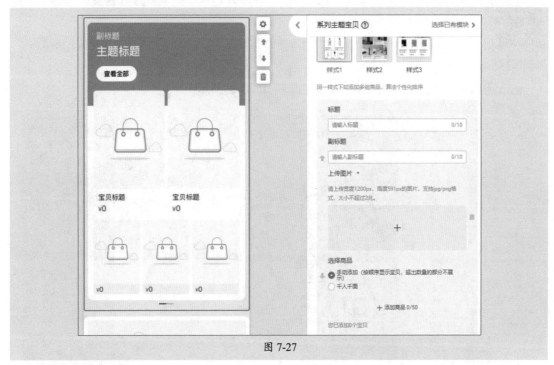

图 7-27

4. 鹿班智能货架模块

鹿班智能货架模块是自动选品的千人千面货架，支持更多皮肤样式。

5. 免息商品智能货架模块

免息商品智能货架模块是针对免息商品的智能货架，可以自动添加商品，也可以千人千面显示。在页面容器将该模块拖曳至中间的画布区域进行预览，可以在右侧设置模块名称、模块样式、商品类型、链接以及搭建跳转页的页面模板等，设置完成后单击"保存"按钮可以预览。

6. 大促预售商品货架模块

大促预售商品货架模块可以自动拉取店铺预售商品数据，无须手动添加，并默认千人千面显示。在页面容器将该模块拖曳至中间的画布区域进行预览，可以在右侧设置模块名称、商品展示数（3、6、9）、模块标题以及模块背景图，设置完成后单击"保存"按钮可以预览。

> **注意事项** | 预售模块限时显示 |
>
> 该模块仅在预售活动期间展示，且仅展示已发布状态的商品，当某行商品不满3个时，该行商品会被过滤。

案例实战：制作家居类店铺首页设计

本案例将根据所提供的素材制作家具类店铺首页，选取首页前三屏的设计内容进行展示。下面介绍具体的处理方法。

1. 制作首页第一屏

首页第一屏首选轮播海报和优惠券部分，涉及的知识点有新建文档、裁剪工具、油漆桶工具以及文字工具等。

步骤01 启动Photoshop，按Ctrl+N组合键，在弹出的对话框中设置文档参数，如图7-28所示。

步骤02 使用"混合器画笔工具"柔化边缘，如图7-29所示。

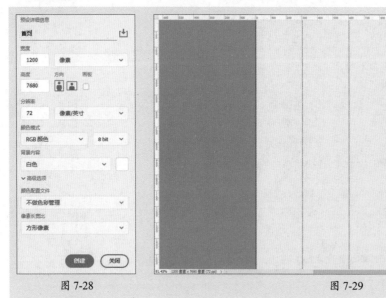

图 7-28   图 7-29

步骤03 执行"视图"|"新建参考线版面"命令，在弹出的"新建参考线版面"对话框中设置参数，如图7-30所示。

步骤04 效果如图7-31所示。

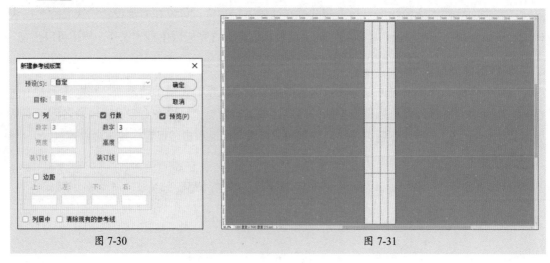

图 7-30   图 7-31

步骤 05 在Photoshop中打开素材图片，如图7-32所示。

步骤 06 按C键切换到"裁剪工具"，选择预设裁剪比例并调整裁剪框，效果如图7-33所示。

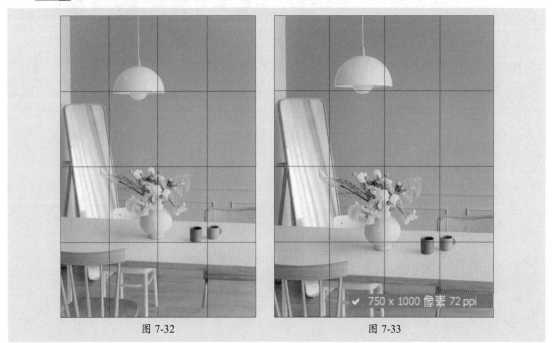

图 7-32   图 7-33

步骤 07 按Ctrl+J组合键复制图层，将其拖放到"首页"文档中，调整显示，按Ctrl+/组合键锁定图层，如图7-34所示。

步骤 08 置入素材"标志"，调整其大小至左上角，如图7-35所示。

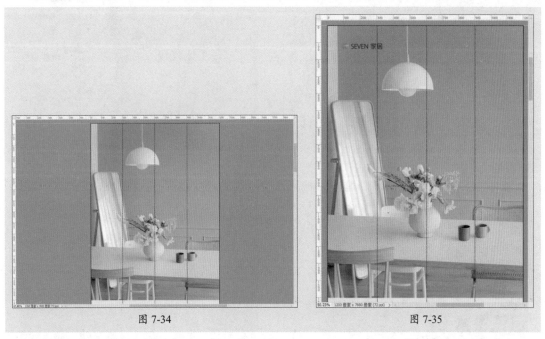

图 7-34   图 7-35

步骤 09 选择"横排文字工具"，输入两组文字，在"字符"面板中设置参数，如图7-36、图7-37所示。

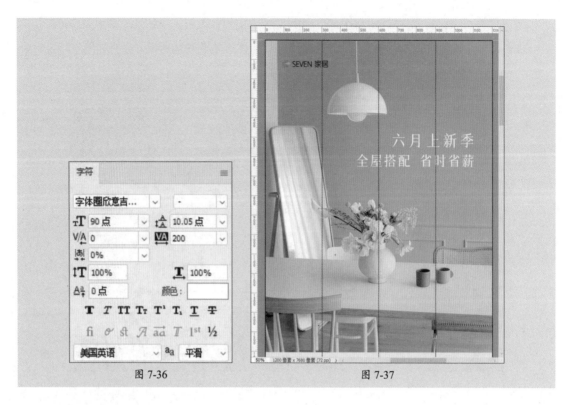

图 7-36

图 7-37

步骤 10 选择"矩形工具",绘制矩形,设置圆角半径为20像素,填充颜色(R:248、G:181、B:81),如图7-38所示。

步骤 11 选择"横排文字工具",更改字号为40,字间距200,输入文字,如图7-39所示。

图 7-38

图 7-39

步骤12 选择"矩形工具"，绘制矩形，设置圆角半径为20像素，填充渐变颜色，如图7-40、图7-41所示。

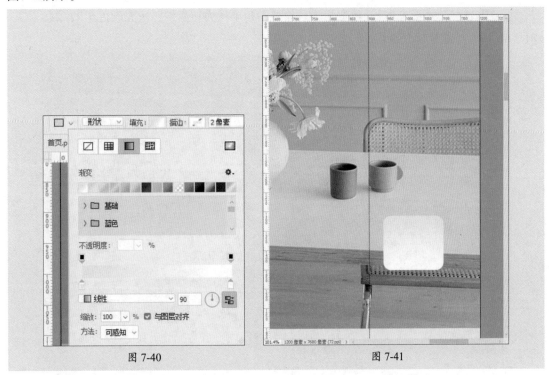

图 7-40   图 7-41

步骤13 选择"横排文字工具"，分别输入两组文字，字号分别为24、30，如图7-42所示。

步骤14 选择"矩形工具"，绘制矩形，设置圆角半径为15像素，填充颜色（R：248、G：181、B：81），如图7-43所示。

图 7-42

图 7-43

步骤 15 选择"横排文字工具"，设置字号为24，输入文字，设置字体颜色为白色，如图7-44所示。

步骤 16 选择"矩形工具"，绘制矩形，设置圆角半径为15像素，填充颜色（R：248、G：181、B：81），如图7-45所示。

图 7-44　　　　　　　　　　　　　　　　图 7-45

步骤 17 选择"矩形工具"，绘制矩形，设置圆角半径为5像素，再复制三个矩形，如图7-46所示。

步骤 18 更改第二个矩形的填充颜色（R：248、G：181、B：81），如图7-47所示。

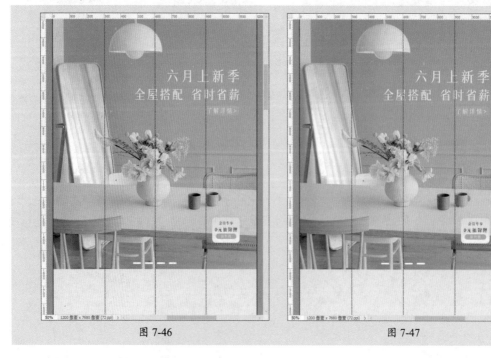

图 7-46　　　　　　　　　　　　　　　　图 7-47

步骤19 选择"矩形工具",绘制矩形,设置圆角半径为25像素,填充颜色为白色,如图7-48所示。

步骤20 继续绘制矩形,调整圆角半径为20像素,填充颜色(R:248、G:181、B:81),旋转至合适角度后调整图层顺序,如图7-49所示。

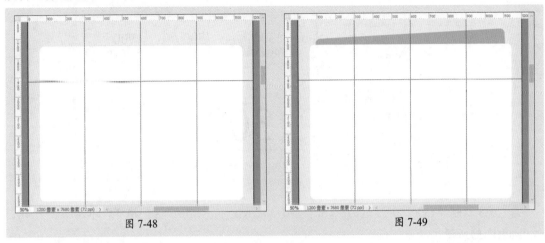

图 7-48　　　　　　　　　　　　　　　图 7-49

步骤21 选择"横排文字工具",输入文字,设置字体颜色为黑色,旋转至合适角度,如图7-50、图7-51所示。

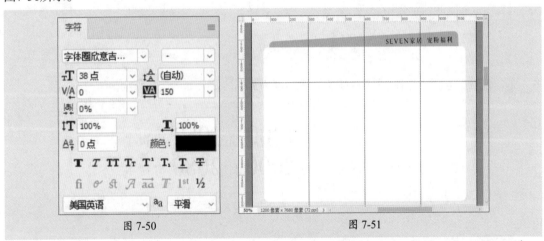

图 7-50　　　　　　　　　　　　　　　图 7-51

步骤22 选择"横排文字工具",输入文字,分别更改字号,如图7-52所示。

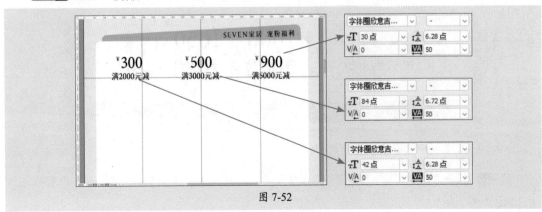

图 7-52

步骤 23 选择"横排文字工具",输入文字,在"字符"面板中设置参数,如图7-53所示。

步骤 24 选择"矩形工具",绘制矩形,设置填充颜色为白色,调整图层顺序。选择矩形和文字,按住Alt键,拖动鼠标复制并移动2组,如图7-54所示。

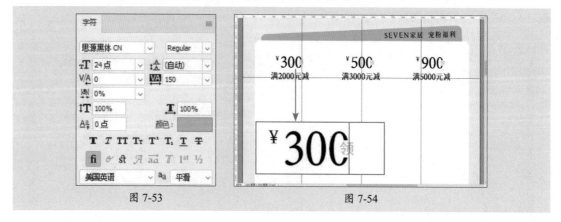

图 7-53　　　　　　　　　　　　　　　　　图 7-54

步骤 25 复制"¥300"并更改为"¥50",继续输入文字,其中"无门槛券"不透明度为50%,效果如图7-55所示。

图 7-55

步骤 26 继续输入文字,其中VIP的不透明度为30%,效果如图7-56所示。

图 7-56

步骤 27 选择"矩形工具",绘制矩形,按Ctrl+Alt+G组合键创建剪切蒙版。选择"横排文字工具",输入文字,效果如图7-57所示。

图 7-57

步骤 28 选择"直线工具",设置粗细为2像素,填充为无,描边为黑色2像素,设置描边选项,如图7-58所示。

步骤 29 绘制虚线，按住Alt键，拖动鼠标复制并移动虚线，如图7-59所示。

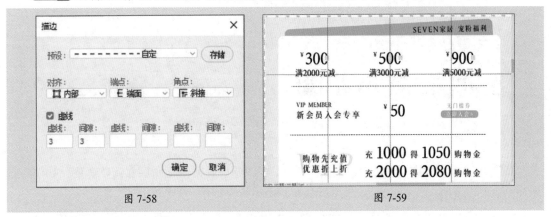

图 7-58　　　　　　　　　　　　　图 7-59

步骤 30 选择"椭圆工具"，按住Shift键绘制正圆，如图7-60所示。

步骤 31 借助参考线，移动并复制圆，如图7-61所示。

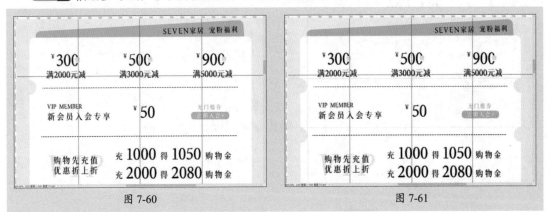

图 7-60　　　　　　　　　　　　　图 7-61

2. 制作首页第二屏

首页第二屏为空间搭配导航部分，涉及的知识点有文字工具、矩形工具、剪切蒙版以及不透明度等。

步骤 01 选择"横排文字工具"，输入文字，在"字符"面板中设置参数，如图7-62、图7-63所示。

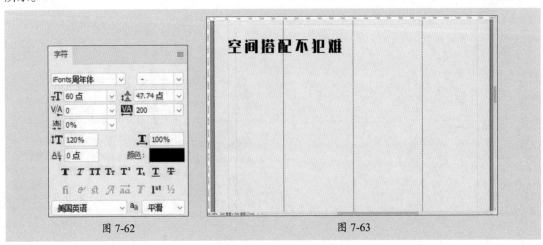

图 7-62　　　　　　　　　　　　　图 7-63

步骤 02 选择"矩形工具",绘制矩形,设置填充为无,描边为黑色2像素,圆角半径为16像素,如图7-64所示。

图 7-64

步骤 03 选择"横排文字工具",输入">",旋转90°后栅格化图层并调整宽度,如图7-65所示。

图 7-65

步骤 04 继续输入文字,在"字符"面板中设置参数,如图7-66、图7-67所示。

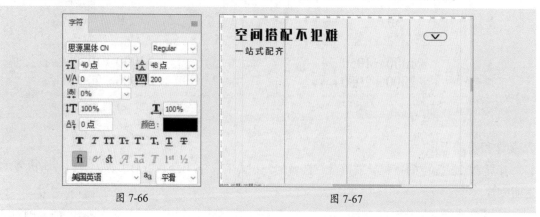

图 7-66   图 7-67

步骤 05 选择"矩形工具",绘制矩形,设置圆角半径为40像素,如图7-68所示。

步骤 06 置入素材,按Ctrl+Alt+G组合键创建剪切蒙版,调整大小,如图7-69所示。

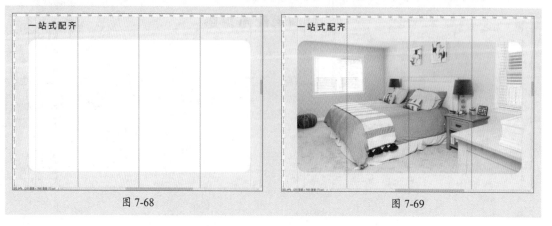

图 7-68   图 7-69

网店美工与视觉设计标准教程（全彩微课版）

步骤 **07** 选择"矩形工具",绘制矩形,设置填充颜色为黑色,按Ctrl+Alt+G组合键创建剪切蒙版,更改不透明度为42%,如图7-70所示。

步骤 **08** 选择"横排文字工具",输入文字,在"字符"面板中设置参数,效果如图7-71所示。

图 7-70

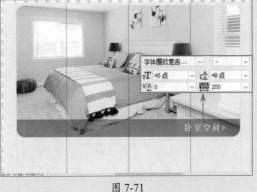

图 7-71

步骤 **09** 框选"卧室空间"部分的图层,按住Alt键移动复制,如图7-72所示。

步骤 **10** 更改蒙版中的图像和文字部分,如图7-73所示。

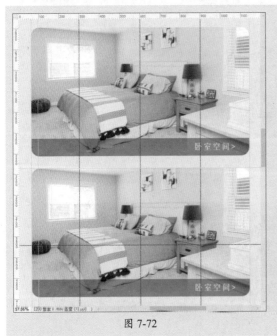

图 7-72

图 7-73

步骤 **11** 继续复制两份,并更改素材图像和文字,如图7-74所示。

步骤 **12** 选择"矩形工具",绘制矩形,设置填充颜色为黑色,圆角半径为40像素,如图7-75所示。

步骤 **13** 置入素材,按Ctrl+Alt+G组合键创建剪切蒙版,调整大小,如图7-76所示。

步骤 **14** 设置不透明度为40%,如图7-77所示。

步骤 **15** 选择"横排文字工具",输入文字,在"字符"面板中设置参数,效果如图7-78所示。

图 7-74

图 7-75

图 7-76

图 7-77

图 7-78

3. 制作首页第三屏

首页第三屏为促销活动部分，涉及的知识点有文字工具、矩形工具、不透明度、剪切蒙版、图层蒙版以及渐变工具等。

步骤 01 复制第二屏的小标题组，并更改文字内容，如图7-79所示。

图 7-79

步骤 02 选择"矩形工具"，绘制矩形，填充颜色（R：206、G：225、B：225），设置圆角半径为20像素，如图7-80所示。

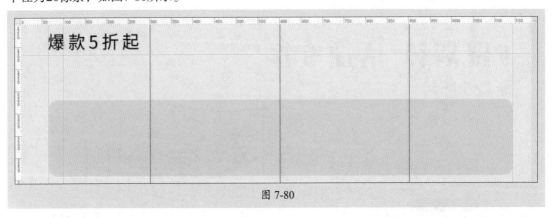

图 7-80

步骤 03 置入素材并调整大小，如图7-81所示。

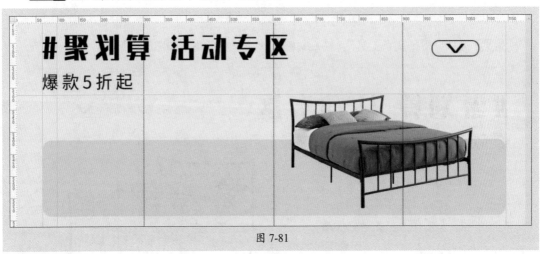

图 7-81

步骤 04 选择"横排文字工具"，输入文字，如图7-82所示。

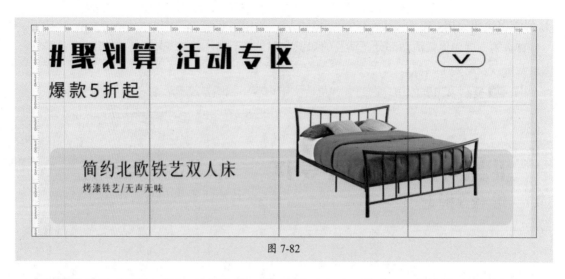

图 7-82

步骤 05 选择"矩形工具",绘制矩形,设置圆角半径为15像素,选择"横排文字工具",输入文字,设置字体颜色为白色,如图7-83所示。

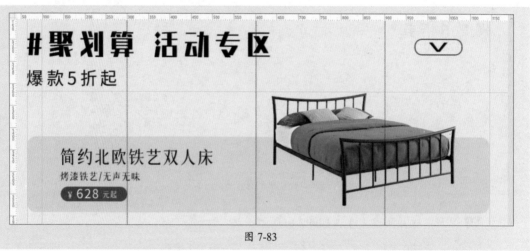

图 7-83

步骤 06 选择"横排文字工具",输入文字,移动至右下角,如图7-84所示。

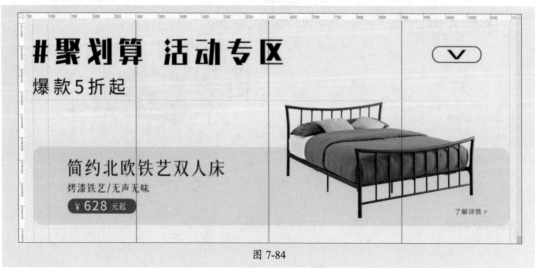

图 7-84

步骤 07 复制矩形和文字，更改摆放位置和文字内容，如图7-85所示。

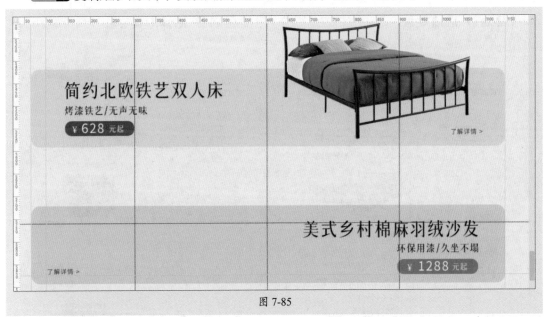

图 7-85

步骤 08 置入素材并调整大小，如图7-86所示。

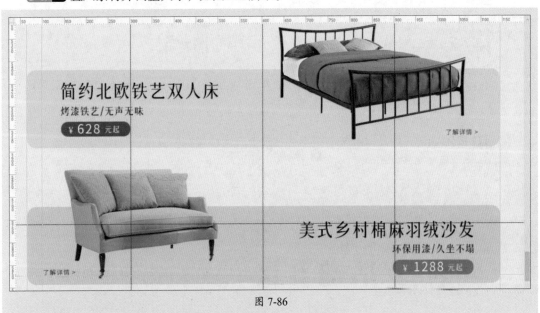

图 7-86

注意事项 | **背景与文字颜色的选择** |

商品背景的颜色需要与商品一致，在颜色的选择上可以用拾色器吸取商品区域最浅的颜色，增减透明度或饱和度。文字部分则可以吸取同色系最深的部分。

步骤 09 框选两组素材，按住Alt键，拖动鼠标复制两组，并移动至合适位置如图7-87所示。

步骤 10 更改素材图像和文字内容，如图7-88所示。

图 7-87

图 7-88

步骤 11 按住Alt键，拖动鼠标复制矩形并移动至合适位置调整高度，如图7-89所示。

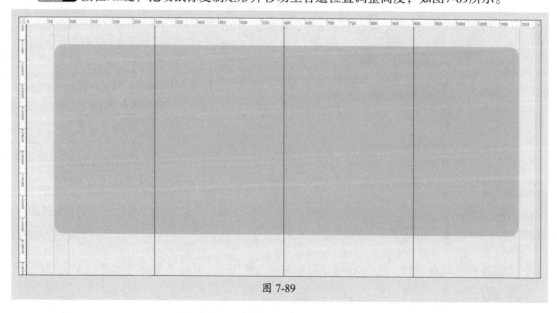

图 7-89

步骤 12 置入四张素材图像，按Ctrl+Alt+G组合键创建剪切蒙版，调整大小，如图7-90所示。

图 7-90

步骤 13 分别添加图层蒙版，使用"渐变工具"调整显示，如图7-91所示。

图 7-91

步骤 14 选择"矩形工具"绘制矩形，填充黑色，创建剪切蒙版后调整不透明度为30%，如图7-92所示。

图 7-92

步骤15 选择"矩形工具""椭圆工具"以及"自定形状工具"，绘制暂停键和音量键，如图7-93所示。

图 7-93

步骤16 最终效果如图7-94所示。

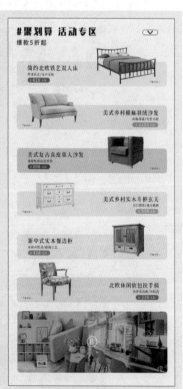

图 7-94

新手答疑

1. Q: 首页如何优化?

    A: 在优化前可以借鉴优秀的同行店铺,查看首页是否有失效的链接、活动详情、优惠券的设置、主推产品的调整、产品的布局、营销文案的调整、宝贝的分类以及套餐推荐等。

2. Q: 手机店铺首页和 PC 端可以通用吗?

    A: 手机端和PC端的装修是无法同步成完全相同的,有些模块和功能仅供手机端使用,但可以设置为相似的风格。网端的图片人小可以设置为　致的,但手机端有高度的显示,可根据具体情况进行调整。

3. Q: 为什么更加侧重手机店铺装修?

    A: 在PC端浏览店铺首页时,经常会碰到让用户扫码到手机端购物的情况,如图7-95所示。这是因为在互联网时代,手机的出现让购物更加"随时随地",可以有效地利用碎片化时间。手机屏幕可以让买家思维模式更加集中,有效提高转化率,所以手机端的设计更为重要。

图 7-95

第 8 章

H5 场景页面设计

　　H5场景营销在电商中运用较多,包括但不限于首页、详情页、海报、抽奖等。在H5场景中可以选择不同的消费场景,通过不同产品搭配衬托,也可以在场景中添加娱乐性的互动功能,例如活动抽奖、打卡等,有效减少产品宣传的生硬性,激发用户的购买欲。

H5是基于HTML 5技术的网页设计形式，可实现多种媒介元素的无线融合，包括图片、音频、视频、动画等，同时适合PC端和移动端的各平台。

8.1.1 H5页面类型

H5页面是由文字、图形、色彩等设计的语言的排序和组合，优质的H5直接影响其传播效果。从功能上可以将H5页面分为活动营销型、品牌宣传型、产品介绍型、总结报告型等，如图8-1~图8-3所示。

图 8-1

图 8-2

图 8-3

- **活动营销型**：H5页面最常见的类型，形式多变，包括游戏、邀请函、测试题、贺卡等。这一类型的H5互动性较强。
- **品牌宣传型**：品牌宣传型的H5页面等同于一个品牌的微官网，更倾向于品牌的形象塑造，可以传达品牌的精神态度。在设计上需要运用符合品牌气质的视觉语言，以给买家留下深刻印象。
- **产品介绍型**：顾名思义，主要以产品介绍为主，通过H5的互动技术展示该产品的特性，吸引买家购买。
- **总结报告型**：自从支付宝的十年账单开始，各大企业和平台也热衷于用H5技术实现，优秀的互动体验令原本乏味的总结报告有趣生动了起来。

8.1.2 H5页面的表现形式

H5页面的表现形式可以分为4种：图文、贺卡/邀请函、问答/测试以及游戏。

1. 图文

图文是H5最典型的页面表现形式，图文中的图可以是照片、插画，也可以是GIF动图，文则是指标题文字。通过简单的翻页或滑动，可以起到类似PPT的传播效果。

2. 贺卡 / 邀请函

各种H5形式的礼物、贺卡、邀请函，可以提升用户好感度，以达到宣传品牌的目的。图8-4～图8-6所示分别为汽车品牌的直播发布会邀请函截图。

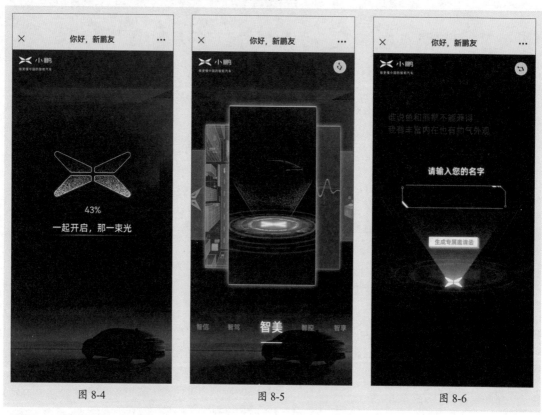

图 8-4　　　　　　　　　　图 8-5　　　　　　　　　　图 8-6

3. 问答 / 测试

问答/测试类的H5页面利用用户的求知欲和探索欲，在问答/测试中可以巧妙地将答案内容与品牌结合在一起，从答案中进行产品展示以及主旨宣传。部分测试类的H5利用用户的猎奇心理引导出品牌，也可以起到不错的宣传效果，如图8-7～图8-9所示。

4. 游戏

游戏类的H5页面操作简单，参与性强，可以很好地吸引年轻消费群体的注意力。游戏场景与品牌吉祥物、品牌LOGO高度融合，以情景置入、道具置入式的广告手法与用户互动，可以大大提高商品的购买率，如图8-10～图8-12所示。

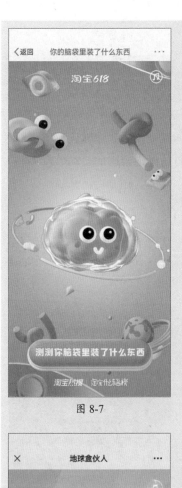

图 8-7

图 8-8

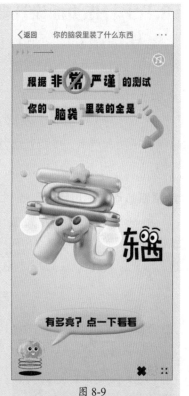

图 8-9

图 8-10

图 8-11

图 8-12

8.1.3 H5页面设计要点

在制作H5页面前，要明确主题和内容，然后进行风格策划，使用设计工具制作页面和交互设计，最后生成并发布H5页面。在设计H5页面时要注意以下几个要点。

1. 细节与统一

在设计时保持细节与整体的统一性，可以让用户得到完整的互动体验。幽默调侃风格的，文案就不能太严肃；可爱卡通风格的，字体就不能太正式；主打情感内容牌的，动效就不能太花哨。

2. 紧跟热点，利用话题效应

第一时间抓住热点并火速上线，借机进行品牌宣传。例如，某知名IP联合某品牌汽车公司推出的闯关创意H5页面，在闯关的过程中，体验某IP的魅力和某汽车品牌的产品，对IP和品牌进行曝光，成就双赢，如图8-13～图8-15所示。

图 8-13

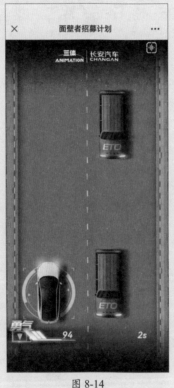

图 8-14

图 8-15

3. 讲个好故事，引发情感共鸣

在H5有限的篇幅里，可以利用故事引发用户的情感共鸣。例如某品牌手机公司借七夕节，以"影像情书"为主题，让用户做导演，自由选择剧情的结尾。有温度的宣传手法可以让用户记住品牌和产品，如图8-16～图8-18所示。

4. 合理运用技术，打造流畅的互动体验

随着技术的发展，H5技术可以轻松实现绘图、擦除、摇一摇、语音识别等互动效果。例如，某平台生日派对邀请函中的吹蜡烛效果，如图8-19所示。

某品牌推出的环保主题的H5页面，将牛奶盒回收再利用技术与传统五行结合，在宣传环保的过程中也宣传了传统文化，最后通过摇一摇可以抽取福签，增添互动感，如图8-20所示。

图 8-16

图 8-17

图 8-18

图 8-19

图 8-20

8.2 H5页面的制作

H5页面可以使用图像工具制作，例如Photoshop、Illustrator。也可以在H5编辑器中使用模板进行设计，例如易企秀、MAKA、人人秀、木疙瘩等。

8.2.1 认识MAKA

MAKA是一个集在线设计、活动营销于一身的全平台工具，可以轻松制作H5页面、海报、视频等多种设计品类，以及策划报名、预约、接力、投票、抽奖、趣味答题、拼团等丰富的活动场景。在网页中搜索MAKA进入官网，如图8-21所示。

图 8-21

在该界面中，可以选择需要的模板进行编辑，主要的方法有以下三种。

在搜索框中输入关键词进行检索，如图8-22所示。

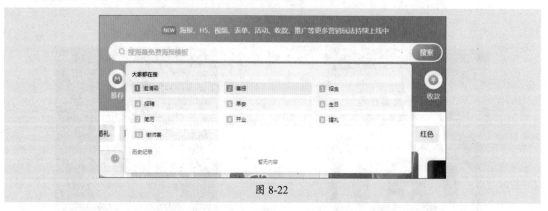

图 8-22

在搜索框中选择模板大类，每个大类下面又有细分类目，如图8-23所示。

图 8-23

单击右上角的"模板中心"，在弹出的下拉列表框中可根据使用途径挑选模板，包括节日、行业、品类、场景四类，四类中又有各自的细分类目，如图8-24所示。

图 8-24

在电商素材中选择"全屏海报"，跳转至该类别界面，如图8-25所示。在其中可更改类目，以及筛选免费或会员免费的模板。

图 8-25

选中目标模板，单击对应的模板封面可查看详情，单击右侧的"立即编辑"按钮进入编辑页面，可替换模板，更改画布的尺寸以及文字、图片、素材等参数，如图8-26所示。

图 8-26

编辑完成后，单击右上角的"下载"按钮，设置文件格式、尺寸、作品用途等参数后保存。其中"作品用途"中可选择个人或商业用途，具体区别如下。

- **个人/公益：** 用于分享个人生活、个人头像、公益宣传等，如图8-27所示。
- **商业用途：** 用于宣传产品或服务的网站、电商、海报、传单、公众号和微博配图、商业出版物等，如图8-28所示。

图 8-27   图 8-28

┃注意事项┃ ┃版权问题┃

使用模板时，要注意版权问题，尤其是用作商业用途时的版权。

网店美工与视觉设计标准教程（全彩微课版）

8.2.2 按需创建空白模板

在MAKA的模板库中，提供针对不同行业和场景的模板素材，在左侧的导航栏中单击"创建"按钮 ，跳转至创建页面，可在常用、活动、视频、新媒体素材、电商素材中选择素材，单击"创建"按钮即可创建。例如，在"常用"中选择"翻页H5"，单击"创建"按钮，如图8-29所示。

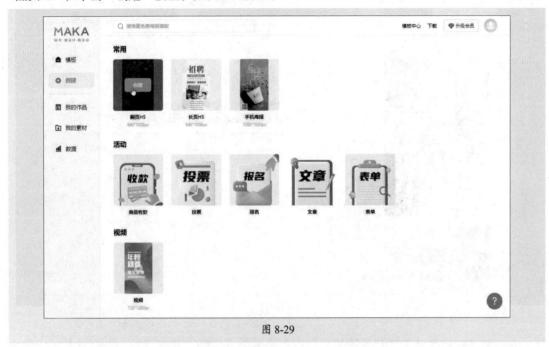

图 8-29

进入编辑界面，如图8-30所示。在左侧可搜索素材、背景、文字等素材，中间为画布预览区域，右侧则可对页面进行整体设置，以及对部分素材参数进行设置。

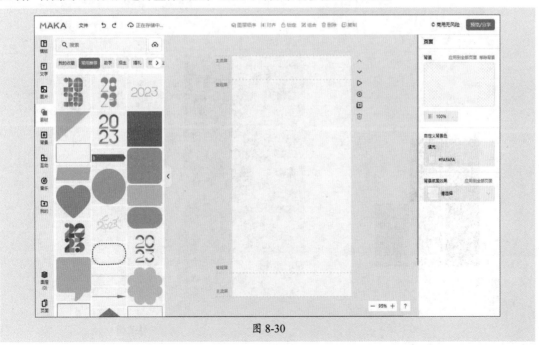

图 8-30

8.2.3 背景页面的调整

在电商素材中选择"全屏海报",进入编辑界面,在右侧单击"调整尺寸"按钮调整尺寸,显示"调整画布尺寸"选项,可以根据需求进行设置,也可以直接拖动画布的四条边来调整画布尺寸,如图8-31所示。

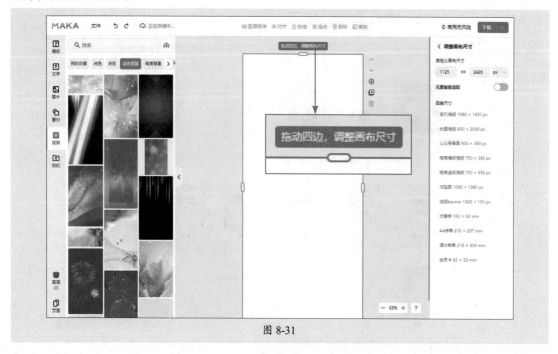

图 8-31

在左侧导航栏中单击"背景"按钮,可选择纯色、渐变、动态背景、电商背景、质感纹理、3D立体等背景类别,单击即可应用。在缩览图右下角单击☆按钮可收藏该背景,如图8-32所示。

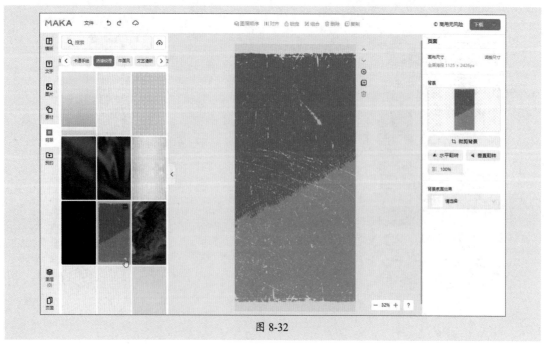

图 8-32

在右侧可对背景进行以下设置。

- **裁剪背景：** 调整背景素材的缩放比例。
- **水平/垂直翻转：** 水平或垂直翻转背景素材。
- **不透明度：** 调整背景素材的不透明度。
- **背景氛围效果：** 单击 按钮，在弹出的列表中选择动效样式，如图8-33所示。

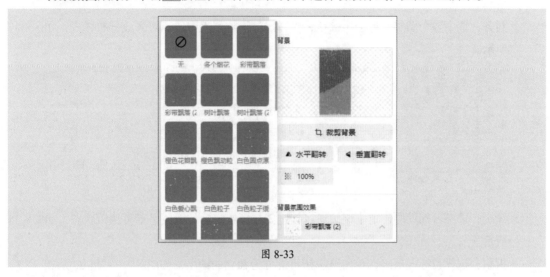

图 8-33

8.2.4 文字的添加与设置

在左侧导航栏中单击"文字"按钮，再单击 添加文字 按钮，可直接输入文字。也可以在文字特效、文字组合、岗位说明、活动促销、产品说明、优惠券等文字类别中选择预设样式，再单击预设样式即可应用，如图8-34所示。

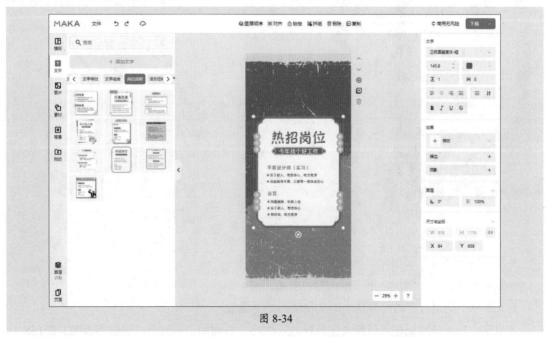

图 8-34

选中文字模板，在顶部可激活调整按钮，如图8-35所示。

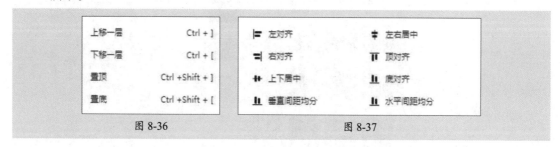

图 8-35

- **图层顺序：** 选择目标图层，单击该按钮，在弹出的下拉列表中选择图层的顺序，如图8-36所示。
- **对齐：** 选中多个图层，单击该按钮，在弹出的下拉列表中选择对齐或分布样式，如图8-37所示。

上移一层	Ctrl +]
下移一层	Ctrl + [
置顶	Ctrl +Shift +]
置底	Ctrl +Shift + [

图 8-36

⊫ 左对齐	⬌ 左右居中
⊨ 右对齐	⊤ 顶对齐
⬍ 上下居中	⊥ 底对齐
⊪ 垂直间距均分	⊪ 水平间距均分

图 8-37

- **锁定：** 选择目标图层，单击该按钮可锁定图层，锁定后的图层呈不可编辑状态，如图8-38所示。
- **拆组：** 选择目标图层组，单击该按钮可拆分为独立的图层，如图8-39、图8-40所示。

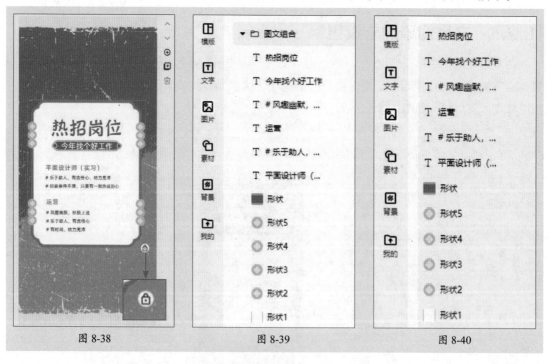

图 8-38　　　　　　　　　　图 8-39　　　　　　　　　　图 8-40

- **删除：** 选择目标图层，单击该按钮可删除图层。
- **复制：** 选择目标图层，单击该按钮可复制图层。

在图8-34中的窗口右侧可对选中的文字进行以下设置。

- **文字：** 在该选项组中可设置文字的样式、大小、行间距、字间距、颜色等参数，如图8-41所示。

- **效果**：在该选项组中可自定义描边和阴影，也可以选择预设字样，应用后自动出现该字样参数，如图8-42、图8-43所示，可直接应用，也可以手动调整参数。

图 8-41   图 8-42   图 8-43

- **图层**：在该选项组中可设置旋转角度以及不透明度，如图8-44所示。
- **尺寸与坐标**：在该选项组中可设置素材的尺寸以及摆放的位置，如图8-45所示。

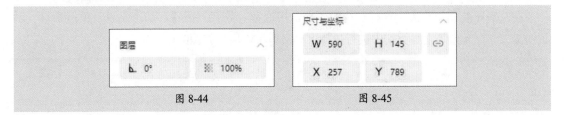

图 8-44   图 8-45

8.2.5 图片/素材的选择与应用

在左侧导航栏中单击"图片"按钮，在教育文化、商务办公、金融贸易、人物图片、实物图片、中国文化、节日热点等素材类别中进行选择，单击即可应用，如图8-46所示。

图 8-46

选择应用的图片，在右侧的图片选项组中可替换图片、抠图、裁剪、水平/垂直翻转。单击"抠图"按钮 <img 抠图>，在弹出的操作框中，系统自动识别抠图，单击即可应用，如图8-47所示。

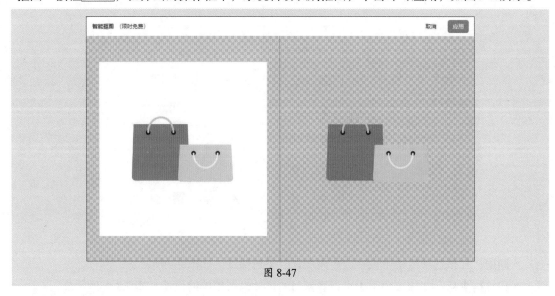

图 8-47

在左侧导航栏中单击"素材"按钮，在常用推荐、数字、招聘、动态元素、免抠素材、形状图案、漂浮元素等素材类别中进行选择，单击即可应用，如图8-48所示。

图 8-48

在右侧可对选中的素材进行以下设置。

- **效果：** 在该选项组中可自定义填充、描边和阴影，也可以选择预设效果，应用后自动出现该效果参数，如图8-49所示，可直接应用，也可以手动调整参数。
- **蒙版：** 在该选项组中可设置蒙版的类型，例如山峰、云朵、圆、字母等，如图8-50所示。

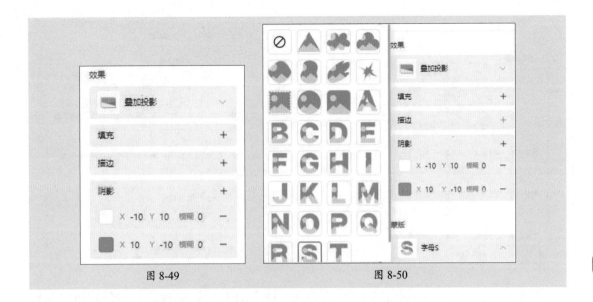

图 8-49　　　　　　　　　　　　　　　图 8-50

8.2.6　互动效果的添加与设置

在创建或应用部分模板时，在右侧会增加互动和音乐两个选项，下面将介绍关于组件效果的添加。在左侧导航栏中单击"互动"按钮，在互动组件类别中可以选择目标组件进行添加。

1. 地图组件

单击地图可以导航到设置的位置，在右侧可设置地址、显示缩放等参数，如图8-51所示。

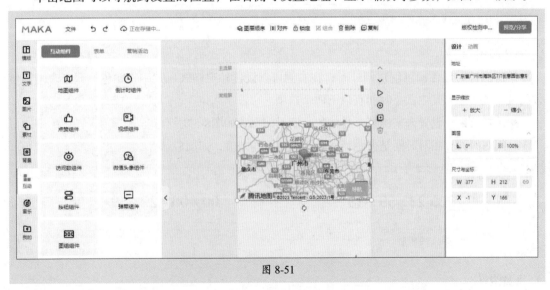

图 8-51

单击动画选项，可设置进场动画、强调动画以及退场动画。

- **进场动画：**单击□按钮，可选择淡入、放大、飞入、翻转、刹车、滑入等动画，如图8-52所示。
- **强调动画：**单击⊞按钮，可选择放大、缩小、摇摆、旋转等动画，如图8-53所示。
- **退场动画：**单击⊞按钮，可选择淡出、退出、滚出、滑出等动画，如图8-54所示。

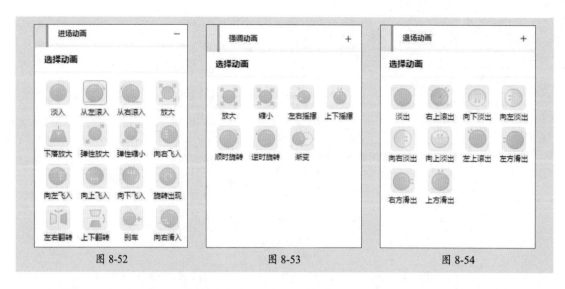

| 图 8-52 | 图 8-53 | 图 8-54 |

在进场和退场动画中可设置动画的延迟时间、持续时间，图8-55所示为进场动画中的旋转出现。强调动画在此基础上添加了循环次数，如图8-56所示。单击━按钮删除动画。

| 图 8-55 | 图 8-56 |

2. 倒计时组件

单击倒计时组件即可创建倒计时，在右侧可以设置外观样式、文字、颜色、截止时间等参数以及动画效果，其中截止时间有以下两个选项。

- **选择日期：** 设置未来的某个具体的日期时间点，如图8-57所示。
- **相对时间：** 相对时间是据距当前时间点的时间差值，如图8-58所示。

| 图 8-57 | 图 8-58 |

3. 点赞组件

单击点赞组件可以展示当前作品的实时点赞数。在右侧可以设置外观样式、自定义文本、初始点赞数值、增长倍数、文字参数、图标颜色等参数以及动画效果。

4. 视频组件

单击视频组件，可以通过链接导入优酷、腾讯、哔哩哔哩、西瓜视频的在线视频。在右侧可以输入视频通用代码，设置视频封面、播放方式等参数以及动画效果。

5. 访问数组件

单击点赞组件，可以展示当前作品的实时浏览量。在右侧可以设置外观样式、自定义文本、初始点赞数值、增长倍数、文字参数、图标颜色等参数以及动画效果。

6. 微信头像组件

单击微信头像组件，可以展示浏览者的微信头像。在右侧可以设置外观样式、显示位置等参数以及动画效果。

7. 按钮组件

单击按钮组件，添加按钮，单击按钮后可以进行跳转链接、拨打电话、发送短信等操作。在右侧可以设置外观样式、点触链接/电话/短信、按钮文本、字体、颜色等参数以及动画效果。

点触链接支持对象

点触链接支持网页、小程序、App链接等。

8. 弹幕组件

单击弹幕组件，可以添加弹幕、评论。在右侧可以设置弹幕样式、显示样式、是否允许留言、输入框提示文本、弹幕文本等参数以及动画效果。

9. 图组组件

单击图组组件，可选中多个图片并滚动播放。在右侧可以选择图片的样式、抠图、翻转、显示位置等参数以及动画效果。

8.2.7 表单的添加与设置

在"互动"选项中单击表单，可以添加商品收款表单和基础表单，单击基础表单，在右侧可以进行提交设置、表单名称、选框样式、按钮反馈等参数以及动画效果，如图8-59所示。

图 8-59

单击"表单编辑"按钮 表单编辑 或双击表单进入表单编辑界面，在左侧可以添加表单演示，右侧可以设置此题目是否为必填标题，如图8-60所示。

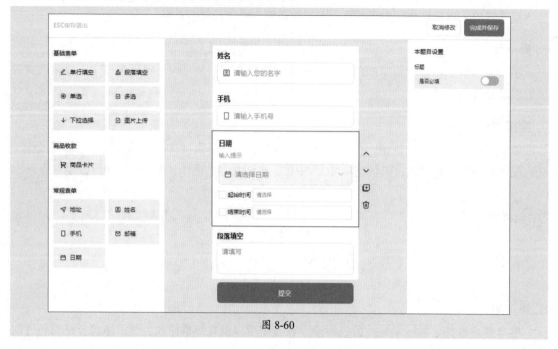

图 8-60

8.2.8 营销活动的添加与设置

在"互动"选项中单击营销活动，可以添加投票，适用于任务评选、才艺比拼、活动评选等营销活动。

添加投票后，在右侧可以设置选项展示样式、投票样式的颜色等参数以及动画效果，如图8-61所示。

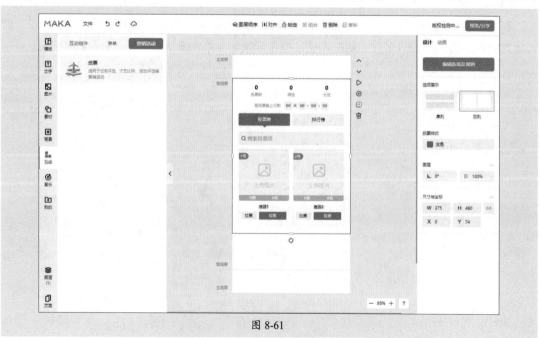

图 8-61

单击"编辑选项及规则"按钮 （编辑选项及规则），进入编辑界面，可选择投票榜和排行榜，并设置选项样式以及规则，如图8-62所示。

图 8-62

案例实战：制作电商节促销宣传海报

本案例将使用MAKA中的电商模板制作电商促销海报，下面介绍具体的处理方法。

步骤 01 在MAKA模板中心选择电商节促销场景，勾选"免费"复选框进行筛选，选择第二个模板，如图8-63所示。

图 8-63

步骤 02 进入编辑界面，删除多余的素材，如图8-64所示。

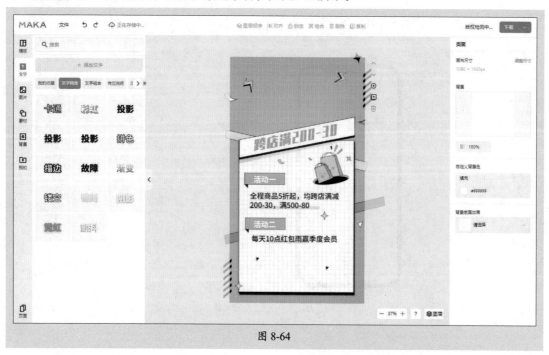

图 8-64

步骤 03 单击 + 添加文字 按钮，输入文字"618"，在右侧设置文字的大小、效果以及旋转角度，如图8-65所示。

图 8-65

步骤 04 按Ctrl+C组合键复制文件，按Ctrl+V组合键粘贴，更改文字内容为"年中狂欢盛典"，字号为120，如图8-66所示。

图 8-66

步骤 05 选择"跨店满200-30",更改文字内容为"购物全攻略",调整字号为90。按Ctrl+C组合键复制文字,按Ctrl+V组合键粘贴,更改文字内容为get,字号为85,如图8-67所示。

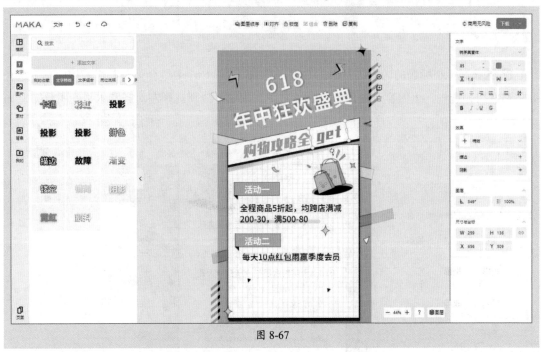

图 8-67

步骤 06 保留第一个小标题样式,调整大小和内容,如图8-68所示。

图 8-68

步骤 07 选中小标题的内容，按Ctrl+G组合键编组，按Ctrl+C组合键复制组，按Ctrl+V组合键粘贴两次，选中三组内容，在顶部单击"对齐"按钮，分别选择左对齐和水平间距分布，如图8-69所示。

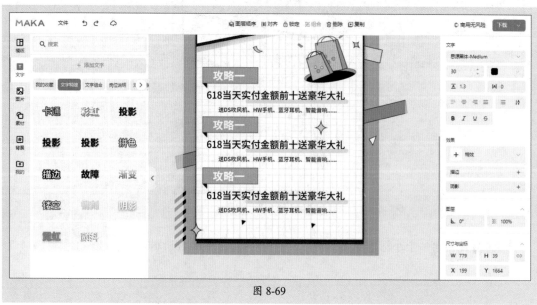

图 8-69

步骤 08 分别更改文字内容，如图8-70所示。

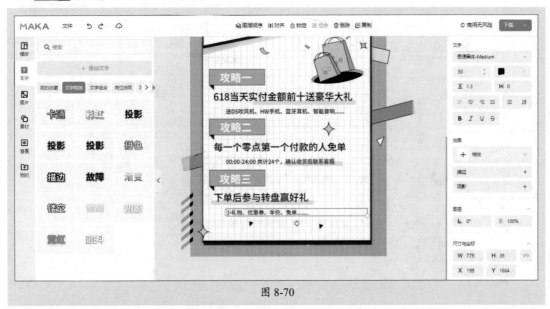

图 8-70

步骤 09 单击按钮，上传素材后调整显示位置和大小，如图8-71所示。

图 8-71

步骤 10 单击按钮，搜索"喇叭"，选择"喇叭-扩音器(4)"，单击显示位置和大小，如图8-72所示。

步骤 11 最后进行整体调整，最终效果如图8-73所示。

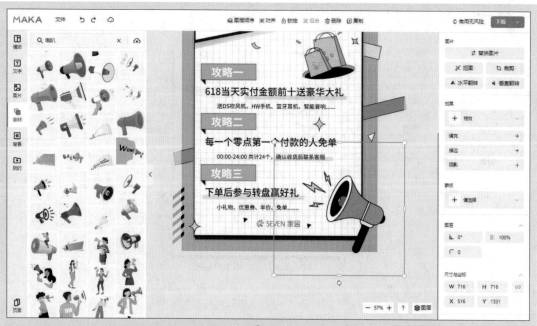

图 8-72

图 8-73

新手答疑

1. Q：店铺装修可以用 H5 技术吗？

A： 店铺装修除了使用Photoshop，也可以使用MAKA、易企秀等工具快速制作静态的主图、详情页、海报等，还可以制作互动营销活动，例如H5游戏、拼团、抽奖、秒杀等，轻松实现店铺的个性化装修。也可以在微信、网页端的翻页或长页H5中附带店铺或活动链接。

2. Q：常用的 H5 工具除了 MAKA，还有哪些？

A： 除了MAKA工具，常用的还有以下几种。

- **易企秀：** 针对企业的H5工具，可以满足企业的活动邀约、引流吸粉、数据收集、电商促销、人才招聘等多媒体、多场景的营销需求，如图8-74所示。
- **兔展：** 具有H5、短视频、互动游戏、小程序等多种表现形式，相较于其他H5工具，有免费的音乐素材库和完善的数据后台，如图8-75所示。

图 8-74

图 8-75

- **凡科互动**：关注引流促销，是专业的游戏活动营销产品，帮助中小企业快速打造适合自身特点的互动营销小游戏，如图8-76所示。
- **人人秀**：致力于互联网时代新媒体营销，是H5互动展示应用平台的领航者，具有免费、简单易用、发布迅速等特点，如图8-77所示。

图 8-76

图 8-77

网店美工与视觉设计标准教程（全彩微课版）